曾仕强 刘君政 著

易經真的很容易

诚信赢天下

贵州出版集团
贵州人民出版社

图书在版编目（CIP）数据

易经真的很容易．诚信赢天下 / 曾仕强，刘君政著．-- 贵阳：贵州人民出版社，2024.3（2025.2 重印）
　ISBN 978-7-221-17860-2

Ⅰ．①易… Ⅱ．①曾… ②刘… Ⅲ．①《周易》—研究②道德修养—中国—通俗读物 Ⅳ．① B221.5
② B825-49

中国国家版本馆 CIP 数据核字（2023）第 163608 号

易经真的很容易·诚信赢天下
YIJING ZHENDE HEN RONGYI·CHENGXIN YING TIANXIA

曾仕强　刘君政 / 著

出 版 人	朱文迅
责任编辑	黄　伟
出版发行	贵州出版集团　贵州人民出版社
地　　址	贵阳市观山湖区中天会展城会展东路 SOHO 公寓 A 座
印　　刷	三河市宏达印刷有限公司
版　　次	2024 年 3 月第 1 版
印　　次	2025 年 2 月第 2 次印刷
开　　本	860 毫米 ×1000 毫米　1/20
印　　张	9
字　　数	158 千字
书　　号	ISBN 978-7-221-17860-2
定　　价	49.80 元

如发现图书印装质量问题，请与印刷厂联系调换；版权所有，翻版必究；未经许可，不得转载。

【作者简介】

曾仕强 »

英国莱斯特大学管理哲学博士,曾任台湾交通大学教授、台湾师范大学教授、台湾兴国管理学院首任校长。著有《易经真的很容易:变革与创新》《易经真的很容易:诚信赢天下》《易经真的很容易:活出自在从容》《中国管理哲学》《中国式管理》《大易管理》《胡雪岩的启示》《如何在36岁以前成功》《论语的生活智慧》《曾仕强剖析胡雪岩商道》《易经的奥秘》《易经的智慧》等数十种作品。

【作者简介】

刘君政

台湾师范大学教育学士,美国杜鲁门州立大学教育行政硕士,教授。历任台湾师范大学、彰化师范大学、高雄师范大学教师,胡雪岩教育基金会理事。

新版序

何为《易经》？

凝聚着中国古圣先贤智慧的《易经》，曾长久地被误解为一本算命的书。随着科技的发展，东西方文化的交融，《易经》越来越受到中外科学界、文化界的重视，西方学者称之为"一部奇妙的未来学著作"。那么，《易经》究竟是一部什么样的书呢？我们又如何才能够读懂古老而神秘的《易经》？而懂了《易经》的道理，对于我们的人生会有什么意义？

要弄清这些问题，首先要从"何为《易经》"谈起。中国古代文献大都这样论述：《易》（《易经》简称）为群经之首。因为不管是"五经"还是"六经"，都把《易经》摆在最前面。实际上这还不足以表明《易经》的重要地位，应该是"《易》为群经之始"，因为它是中华文化的总源头，是诸子百家的渊薮。《易经》包含的内容十分庞大。《吕氏春秋》记载："其大无外，其小无内。"意思是说《易经》大则大到没有外面，小则小到没有里面。每一个研究者都只是从一个角度去看待《易经》，都只看到其中一个方面，只讲对一部分，而很难把《易经》讲全。就像偌大的北京城，不管是乘坐飞机、火车，还是通过高速公路、国道、省道、县道、乡道都能进来，可是进来以后，谁都不能断言自己已经了解了整个北京。所以，研究《易经》，一定要有比较宽广的包容性。

《易经》是怎样完成的？《汉书·艺文志》记载："人更三圣，世历三古。"《易经》的完成，经历了三位圣人：第一位是伏羲，第二位是周文王，第三位就是孔子。伏羲在上古，周文王在中古，而孔子在近古（又称下古）。总而言之，《易经》成书所经历的时间非常长，所经历的圣人也很多，所以严格来说，《易经》是我国古圣先贤集体创作的成果。

《易经》这本书，其用处何在？其实看完这本书就会发现——《易经》是解开宇宙人生密码的宝典。现在世界各国的科学家，兢兢业业地搞研究，就是希望解开宇宙的密码。在拥有大量科学仪器与尖端技术的情况下，科学家们尚且不敢说能够解开宇宙密码，这么一本几千年前的古老经书，如何能做到这样伟大的事情？但是，《易经》确实做到了，而且这个密码在孔子时就已经被解开。孔子曾感慨："人能弘道，非道弘人。"（《论语·卫灵公》）这句话其实就是在说：宇宙的密码已经解开，但是要靠人来把它发扬光大，而不是等待那个密码自行解开。而之所以说在孔子时就解开了宇宙的密码，是因为我们中华民族的祖先得到了三把钥匙。

第一把钥匙，叫作伏羲八卦。在中国，几乎人人都看过八卦图，一些家庭甚至挂过八卦图，但是除了辟邪，人们不清楚其作用何在。殊不知，那正是一把打开宇宙密码的金钥匙。伏羲八卦揭示了宇宙一个最基本的秘密，中国人用两个字就能概括——"阴阳"。现代科学研究表明，物体有最小的基本构成元素。中国人认为，"阴阳"就是宇宙万物最基本的构成元素。还有一种观点认为，0和1构成了浩瀚无穷的互联网络；其实中国古代先贤早在几千年前就讲过：一阴一阳产生了宇宙万象。意思其实一样，只是用词不同而已。但是"一阴一阳"如果解释成一个阴和一个阳，那就失之毫厘，谬以千里了。所以在学习《易经》之时，一定要厘清这些细节，避免任何的误解和扭曲，以致错解这一部解开宇宙人生密码的宝典。

第二把钥匙便是文王六十四卦，它象征着宇宙的六十四个密码。凡是密码，必定离不开数字，比如现在的保险箱大都用数字作密码，但是那个数字是死的，一就是一，二就是二。但是《易经》的数不同于数字，也不能用现代的数学观念来理解。《易经》的数是有生命的，是活的、变化的，是"一而二，二而一"的。

第三把钥匙是孔子所作的《十翼》，也称《易传》。孔子替《周易》装上十只翅膀，希望《周易》能够"飞起来"，让世界实现大同。实际上，"地球村"就是世界大同，世界大同就是"地球村"，实现这个理想就要靠这部有十只翅膀的《周易》。

我们今天所看到的《易经》，可以说是三位古圣先贤共同创造出来的：伏羲创造了八卦图；周文王创造了六十四卦，后被称为《易经》；而孔子则为《易经》作了《十翼》，也称《易传》。那么，《易经》的首创人伏羲是谁？他又为什么要创造八卦？

很多人认为伏羲是为了造字，推行文字教育，所以创造了八卦，其实不然。在伏羲的时代，人们以狩猎、打鱼为生，最怕半路上碰到天气骤变的情况。所以很多人向伏羲询问第二天的天气。伏羲可以说是中国古代第一座气象台的台长。随着验证次数的增多，越来越多的人前来询问，伏羲便在树上挂一个"☷"的图像，示意明天会下雨。之后伏羲根据人们的需要，把气象预报逐渐地扩大，慢慢地推出不同的卦象，就变成了一直到今天我们都很熟悉的八卦，也就是我们经常说的"无字天书"。

所以，《易经》整部书起初只有图像，所有的字都是有了文字以后逐渐添加上去的。加到最后，整部《易经》也不过四千多字。没有文字，没有条条框框，不受任何局限，就可以通天下，通宇宙。伏羲是把整个宇宙都想通了以后，才开始来画卦。所以我们对他那一画非常地尊崇，称其为"一画开天"。《易经》是从开天辟地，也就是今天科学上所讲的大爆炸说起的，一直说到人类最后的状况。我们直到今天还没有完全把它展开，因为我们还有很长的路要走。今后人类世世代代都要取用于《易经》，这是取之不尽、用之不竭的一部宝典。这部宝典历经七千年的岁月，一直流传到今天，足以证明真理永存的道理。而伏羲创造八卦所用的三个方法，对中国人也产生了很大的影响。

第一个方法叫仰视。动物大部分无法仰观天象，所以仰视是人类特有。中国人很会仰，但是仰到后来不够高，只是仰上级的脸色。第二个方法叫俯视。整部《易经》都是从人身上看出来的东西。我们经常讲"万物皆备于我",因为"我"就是一个小宇宙。宇宙所具有的东西,我们在自己身上全都找得到。自然中有山,人也有,而人身上的山就是鼻梁。第三个方法,用现代的话讲,叫作广角。以广角的方式看天象,就不能光看一个地方,而是四面八方都要顾及。看得很周到,想得很周密,一点都没有遗漏,这样才叫作《周易》。《周易》这个"周"字,跟周朝并没有直接关系,只是刚好与周文王的朝代在字形上相同,所以引起不少人的联想。其实细加考虑一下,周文王精通易理,他不会把自家的姓冠在一本书上,因为这是犯忌的。"周"是周密、周详的意思,而且它还有另外的意思——周流不停、往复循环、生生不息。所以这本书才叫《周易》。

如前文所述,伏羲没有造字,因为他知道整个系统都是图像、数字。伏羲八卦图是由数字组成的,现代高科技的电子计算机系统,也是由数字组成的;因此,有人说,中国七千年前的伏羲,可以说是电脑的鼻祖。那么,古老的《易经》和现代科学之间,到底是一种什么样的关系呢?

可以说,《易经》是完全根据自然发展出来的一套系统。伏羲原来用符号来告诉人们天气变化,后来慢慢发现,不仅仅是气象,有很多跟生活直接相关的东西都可以从里面生发出来。按照今天的说法,《易经》可以说是自然科学。但是,我们知道,在孔子以后,这部书除了自然科学的部分,又另外加上了一部分,叫作人伦道德。两部分合起来,才能够表示整体的《易经》。所以说,中国人所讲的道理,都是从自然中生发出来的,我们一切向自然学习,以自然为师。狂妄自大,想怎么样就怎么样,是不合自然的。有人会问,现代科学难道不可以持续发展吗?当然可以。科学是人类非常需要的东西,只不过不能忘了要用自然来引导科学。我们要记住,一切事物的好与坏、对与错,都要用是否符合自然这一标准来检验。

最后,现代人从《易经》中能获得什么实际的意义?第一点,《易经》可以纠正我们很多似是而非的观念。例如,今天大家普遍认为自信是对的。《易经》里面讲"自天佑之,吉无不利",是包括自信在内的。人有可控制的部分,也有不可控制的部分,可控制的部分是"操之在我",但是不可控制的部分是"操之在天"。《易经》所包括的"自信"其实是指对"天"有信心,而不是对自己有信心。我们相信"天"会保佑我们这种人,我们多拐一个弯想一想,如果"天"不保佑我们这种人,那还保佑谁呢?如此而已。如果把"天"去掉,只有自信,那就会自大,就会狂妄,就会过分自我,然后人际关系就会很差,什么事情都做不好。目前有很多所谓的"普世价值",其实都是有待商榷的，这个要在学完《易经》以后才能厘清。第二点，《易经》既有神秘性，也有道德性。有神秘性，是因为以前科学不够发达，我们没有办法用科学来解释它，所以只好用神道把它包装起来；现在科学发展了，我们可以用现代科学来诠释《易经》里面的神秘性。但是它的道德性，是没有办法取代的。所以，《易经》的道德性，在以后还会得到很好的发扬。第三点，《易经》中求同存异的思想是实现全球化的必由之路。全球性是必然的趋势，谁也阻挡不了，但是还是会有人强烈反对。因为全球化会引起很多人的不安，他们认为全球化就意味着本土文化的灭亡。没有一个地区希望自己的文化走向消亡，只有像《易经》这么广大包容的思想体系才可以解决这个问题——求同存异。我们求同，但是会存异，我们会尊重每个地区的文化，但是我们会在这当中找出一个最大公约数，使其变成"大同"的基因，而这个只有《易经》做得到。

曾仕强

前言——代序

《论语·为政篇》记载孔子自述:"十有五而志于学,三十而立,四十而不惑,五十而知天命,六十而耳顺,七十而从心所欲、不逾矩。"一路走来,有一种看不见的东西,始终没有偏离,那就是"诚"。用最大的诚意来面对自己,从来不欺骗自己,这便是"毋自欺"。很多人都喜欢说自己从小就立下壮志,表示在起跑点上就赢过别人,或者至少没有输在起跑点上。孔子不自欺欺人,坦然说出十五岁才立志求学。这是要告诉大家:搞清楚"学"的重要性再立志求学,这是对"学"的最大诚意。不像现代人大多不知道什么叫作"学",就热衷学习,徒然变成两脚书橱,学了很多却不知如何应用。由于明白"学"的真正内涵,孔子三十岁时,能够用学得的道理来立身行己。四十岁时意志坚定,不再为异端邪说所迷惑,那些都是"下学"。孔子五十岁知天命以后,才进入"上达"的阶段。六十岁耳顺,便是对任何事物都不预设立场或先入为主，以免对事物的真相产生扭曲、错乱的误解。七十而从心所欲、不逾矩，实际上就是以最大的诚意来顺应事物的本性，不必做出任何选择性决定。唯有如此，才能够一切凭良心，自然与道合。于是能够不勉而中，从容中道。如此不但可以成人，而且能够成物。

《中庸》说："唯天下至诚，为能尽其性；能尽其性，则能尽人之性；能尽人之性，则能尽物之性。"至诚的人，可以把天赋的本性发挥到极致，所以能够尽自己的本性，也能尽知他人的本性；能尽知他人的本性，便能够尽知万物的本性。

"诚"是什么？《中庸》说："诚者，天之道也"，"诚"就是真实无妄，代表天生的真理。世界是一个活动的大有机体，而活动的动态，就是"诚"。由于动能常存无息，所以《中庸》指出："至诚无息，不息则久，久则征，征则悠远，悠远则博厚，博厚则高明。"至诚之道永远不间断，因此可以持久。诚于内心既久，自然就会征验于外。征验显著，也就悠久长远，以至于无穷。悠远无穷，累积起来自然广博而深厚，于是散发出来就高大而光明。道本源，出自天，所以说道就是宇宙的本体，以天为代表。有天就有道，天的代号是"一"，道的代号也是"一"，和太极的"一"相同。这样我们才能明白，我们常说的"一而二，二而一"所表达的真实意义。"一而二，二而一"这一句话，必须合在一起说才算完整。倘若是说半句，无论是"一而二"或是"二而一"，那就差之远矣！

《系辞上传》说："是故《易》有太极，是生两仪，两仪生四象，四象生八卦。"太极为一，太极生两仪，即为"一而二"。阴阳两仪，原本就在太极之中，那就是"二而一"。天地间只有一种"人"，然而这一种"人"，却有"男""女"之分，所以说"一而二"。男女诚然有别，但是我们也应该一视同仁，把男性、女性都看成"人"，当然要"二而一"。动物在地震发生之前，都能有所预感，我们人类在这一方面，为什么反而麻木不仁，毫无预知的感觉？原因即在我们和动物拉开距离之后，只知道人类和动物是"一而二"，同样是动物，却有很大的差距；竟然忘记了我们和动物，有一些必须保持"二而一"的地方，那就是"顺应自然规律"，合乎"天道"。《易经》把天地万物，大致区分为"天、人、地"三才，主要在提示我们"天、地"既然是"一而二，二而一"，人类便应该省悟，人与万物也应该"一而二，二而一"。人是万物的总代表，与天、地并列三才，所以人与万物为一体，必须同生共存，不能彼此杀害。

万物之中，既然是以人为总代表，人便负有"赞天地之化育"的重责大任，于是在人的秉性当中，加上了"创造性""自主性"和"局限性"三样东西，使人与万物有所不同，拉开与万物的距离，成为万物之灵。

人的灵性，来自诚。如果说"诚"是上天赐予人类的"局限性"，也许乍听之下，有一些怪异，觉得难以接受，然而再冷静下来，往深一层想："诚则明"，有了诚，就能够明白道理；"至诚之道，可以前知"，诚到极点，就能够预知未来的事情。只有至诚的人，可以"赞天地之化育"。这些都是"诚"的功能，明白指出人的局限性，即在"诚"或"不诚"。《中庸》说："诚者，物之终始，不诚无物。"诚代表自然的道理，万事万物的终始本末，都离不开诚。没有诚，便没有万事万物。既然如此，诚便是太极，也就是道，当然也是"一"。《系辞下传》说："天下之动，贞夫一者也。"天下的动能，既然是"诚"（也就是"太极"），那么万事万物的一切活动，都应该坚守贞正而精诚专一。《孟子·梁惠王篇》记载：孟子见梁襄王，王问："天下恶乎定？"孟子回答："定于一。"《论语·里仁篇》和《论语·卫灵公篇》，分别记载孔子自道"一以贯之"。孟子和孔子都没有明白说出"一"是什么。在《中庸·哀公问政章》中，孔子才明说："知、仁、勇，三者，天下之达德也。所以行之者一也。"这里所说的"一"，是指行"一"的动能，也就是"诚"。天下一切的动，都离不开"诚"。《易经》以乾元统天、坤元配地，天地阴阳交合而万物化生。有了万物，宇宙便成为"天、人、地"三才，分别称"天道、人道、地道"，合起来称为"三才之道"。人一方面可以创造、自主，一方面则必须承受天地的局限。过去我们常说："人在做，天在看"，冥冥之中仿佛都有鬼神的监视。直到现代科学发达，才改口说："自然法则，规范了人类的行为。"其实万物都是天地所生，唯独人类能够顶天立地，与天道、地道沟通往来，所凭借的，全系于一个"诚"字。

《孟子·尽心篇》记载："万物皆备于我矣。反身而诚，乐莫大焉。"万物的道理，都齐备在人类的自性之内，只要反省自身，样样都真实不欺，人生的快乐，就再没有比这更大的了。"诚"就是"毋自欺"，真实地对待自己，做到孟子所说的："无为其所不为，无欲其所不欲。"也就是不要做自己良心所不愿意做的事，不要想自己良心所不愿意想的私欲。西方人的"诚"，来自无所不知、无所不能、无所不在的上帝；中华民族的"诚"，出自良心，所以反求诸己，更为方便。我们常说"精诚所至，金石为开"，又说"诚者灵"，诚心可以感动上天。凡事诚惶诚恐，做人诚心诚意，都在提醒大家：必须诚心反省、诚意自律、诚恳待人。

"太极"所代表的，是天地间唯一的理。这唯"一"的理，在天为天理，在人为人理，在地为地理。我们还可以说：在物为物理，在事为事理。每一个人，以太极的理修己，则身修；以太极的理齐家，则家齐；以太极的理治国，则国治；以太极的理平天下，则天下平。《说卦传》指出："昔者圣人之作《易》也，将以顺性命之理。是以立天之道曰阴与阳，立地之道曰柔与刚，立人之道曰仁与义。"性命之理，称为性理，也就是人理。站在人道的立场来看，天理即阴与阳，地理为刚与柔，人理便是仁与义。由于孤阴独阳不能生化，必须阴阳交合而后才有所生化，所以阴阳不可分离，而且阴中有阳，阳中也有阴。人理和地理，也都离不开"一阴一阳之谓道"，因此兼三才而两之，天、人、地各有阴阳，两两相重叠，需要六画才能构成一个完整的卦。所有事物的生成都离不开天、人、地三才，所以卦由三爻构成。但是生成必自阴阳二气的交合，因此三爻的卦必须重叠成为六画卦，才能充分表达变化的形态。

古圣先贤所称道的"王"，其施政为"王道"，后人盛赞为"德配天地"，也就是做到"天时、地利、人和"的状态。以一竖贯连天、人、地，便是"王"字。上画的天与下画的地，所有变易，都是以中画的人为中心，合乎人群求生的利益，才是人理，而人理必须接受上天下地的制约。我们经常谢天谢地，即在自我警惕有其不可逾越的局限，那就是"诚"。孔子"七十而从心所欲，不逾矩"，便是至诚的成果。

敬请各界先进朋友，共同来体认，并且多多赐教为幸。

曾仕强　刘君政

谨识于台湾师范大学

目 录

第一章 象数与义理怎能分家?
一、先秦易学中的象数义理　　002
二、秦火刺激了易学的复兴　　004
三、象征内涵由简易而复杂　　006
四、义理十分重要却很难讲　　008
五、象数义理实在难分难解　　010
六、用自然来检验象数理气　　012
我们的建议　　014

第二章 先后天八卦从哪里来?
一、象数理气全都由道所生　　016
二、先天八卦从《说卦传》而来　　018

三、八卦是道生出来的产物　020
四、后天八卦重视政治号召　022
五、帝出乎震万物却悦乎兑　024
六、阴阳五行发展各种妙用　026
我们的建议　028

第三章　怎样以诚沟通天地人？
一、道是天地人的共同根源　030
二、道有正道当然也有偏道　032
三、坤象先迷后得的关联性　034
四、柔弱胜刚强即后顺得常　036
五、天地之气因人交往反复　038
六、精诚所至能沟通天地人　040
我们的建议　042

第四章　精诚所至真有大效果？
一、孟喜卦气从中孚卦开始　044
二、中孚提醒大家以诚存心　046

三、中虚的卦尤其重视诚信　　　048
四、由象数推知八卦的方位　　　050
五、诚信观象明理自有所悟　　　052
六、由人性扩展到天命之性　　　054
我们的建议　　　056

第五章　中孚卦为什么要利贞？
一、立信之初先想合不合理　　　058
二、信而有实自然获得呼应　　　060
三、上下难和造成诚信不易　　　062
四、近臣必须避免功高震主　　　064
五、以诚信结合天下可无咎　　　066
六、名过其实的诚信必有凶　　　068
我们的建议　　　070

第六章　小过卦主要在讲什么？
一、盲目飞跃猛进自招凶险　　　072
二、降格守分应该可以无咎　　　074

三、恃强随和不知戒备凶险　　076

四、一味刚强用事终不可长　　078

五、上下隔绝时要发挥爱心　　080

六、过于好高骛远必有凶祸　　082

我们的建议　　084

第七章　中孚小过为什么互错？

一、学易者必须知错卦之妙　　086

二、错卦就是旁通卦的别名　　088

三、中孚小过大象离坎互错　　090

四、中孚小过下卦泽山互错　　092

五、中孚小过上卦风雷相薄　　094

六、中孚小过六爻相对涵摄　　096

我们的建议　　098

第八章　颐卦六爻说了些什么？

一、初九观我朵颐不足贵也　　100

二、六二征凶供养不得其正　　102

目 录

三、六三拂颐十年不可施用 　104

四、六四颠颐不断获得颐养 　106

五、六五依赖上九难成大事 　108

六、上九树大招风心存惕厉 　110

我们的建议 　112

第九章　大过卦六爻说些什么？

一、初六以柔承刚慎始无咎 　114

二、九二在大过时期无不利 　116

三、九三过刚易折必招祸害 　118

四、九四兴隆不苟合有阻碍 　120

五、九五虽有权位无过无誉 　122

六、上六深入陷阱祸由自取 　124

我们的建议 　126

第十章　怎样把四卦合起来看？

一、中孚和小过各有其交卦 　128

二、大过和小过其卦名相对 　130

三、中孚是政治的基本精神　　132

四、中孚是人生的最高境界　　134

五、四卦各自含有好多个卦　　136

六、中孚颐肖离大过小过坎　　138

我们的建议　　140

【结　语】

【附　录】
诚能完成天地的善　　144

第一章 象数与义理怎能分家？

象就是像，从像什么来想象，
开展出八种基本卦象，作为基础。

数和象同时存在，永不分离，
透过看得见的象，来探索其中的数。

一而二、二而一的概念，形成我们的思路，
若把易学当作知识，很难悟出易道的精髓。

义理十分重要，却实在很难讲透，
唯有不断摸索，持续领会以求精进。

汉朝以后，象数与义理逐渐分家，
各有所长，却难以整合，反而互相轻视。

我们还是要把象数义理合在一起，
用气来加以贯穿，务求一以贯之。

一、先秦易学中的象数义理

《易经》的"易"字，并非《易经》的专用字。它的含义十分广泛，在不同的地方，可以做出不一样的解释。《易经》之所以名为《易经》，很可能就是看中"易"字的弹性，大到可以包容一切。简易、变易、不易、交易，甚至于易道、易象、易占、易数、易理，都有不同的含义，却能够统合为"易"。

先秦的易学，最初应该是单纯的卦象，也就是阴（--）、阳（—）两个符号。因为伏羲氏画卦的时候还没有文字，所用的语言并不够丰富，而且也只有简单的符号，才有办法表现出灵巧变化的万象、变动不居的道理以及神变莫测的筮术。后来有了文字，易学逐渐演绎出朴质实用的义理。

当人类尚未有文字之前，对于宇宙万象，当然充满了惊奇、恐惧和怀疑。伏羲氏透过"天垂象"来观察并领悟宇宙人生的奥秘。由象数推及义理，应该是十分自然的演变。大家在推演的过程中，站在不同的角度，居于不一样的需求，而且各有不相同的层次，不断地扩大、充实、提升易象体系的内涵，竟然能够使之其大无外而其小无内，到了无所不包的地步。当然象数义理都在其中，合而不分。

先秦易学，发展到孔子和老子，为易学奠定了坚牢稳固的基础。孔子为中等智慧人士讲解易学，老子则为高等智慧人士解惑，彼此殊途同归，并没有分而不合的成见。

易学从"天垂象"着手，经由象数义理一以贯之的探究，掌握了"天下之动，贞夫一者也"的道理。影响所及，和合的精神，始终是易学研究者所不可忽视的根本。

第一章 象数与义理怎能分家？

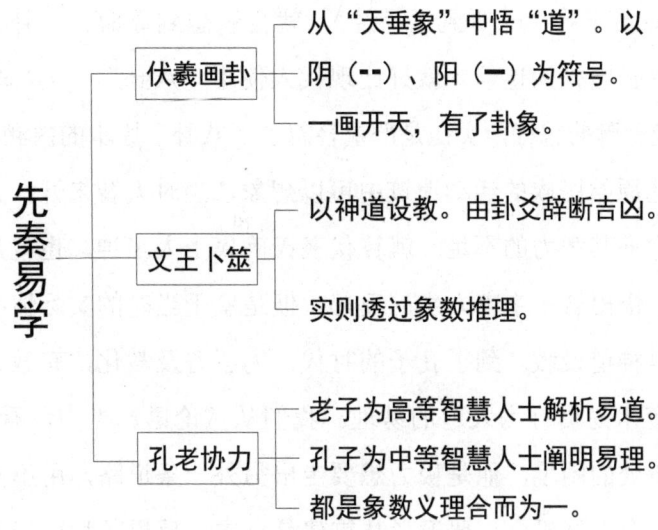

二、秦火刺激了易学的复兴

公元前二一三年，秦始皇焚书。儒家经典尽被焚毁，《易传》也不例外。只有《易经》部分，由于"卜筮之书不焚"的理由，而得以流通如常。这一把火，烧出了《易经》的占卜特性，却也使其蒙上了"易为占卜之书"的阴影，可以说《易经》被严重地污名化了。相信百分之八十的炎黄子孙，一听到《易经》，就会联想到算命、卜卦、看风水、排流年这些作用，因而轻易把它视为迷信。就好比现代人使用"八卦"一词，来代表各种荒诞无稽、莫名其妙、穷极无聊的言行，实在是严重轻忽了"八卦"原本的内涵，显得幼稚之极！

我们从世界各地原始民族的活动遗迹中可以想象，当时人智未开，人们难免会借助某些卜筮的工具，来弥补其智力的不足。就算伏羲氏确属半人半神，也就是获得高度神助的神人，从"天垂象"悟出若干宇宙人生的奥秘，但是鉴于当时的实际情况，他也不得不通过某种占筮活动，以神道设教。到了孔子的时代，为了普及教化，有教无类，但毕竟难以全面改变，于是把筮术易提升为人道的易理。我们从《论语》当中，看不到易学的字句，可以想象孔子当时所处的困境，他是极力想要走出另外一条道路，用不同的方法来弘扬易理。秦火提供汉代一个大好机会，研究者从重建易学中，反思各种可能的未来，于是易学逐渐分成"象数"和"义理"两大学派，彼此各不相让，互争长短。虽然如此，两派都深知"一而二、二而一"的思路，朝向"象数义理"合一不二、互诠互释的目标。后来由于逐渐接受"二分法"的思维方式，才把它们愈分愈开，似乎水火不容，势不两立。实际上合起来看，便不难看出其共同意向都在于复兴易学。

第一章 象数与义理怎能分家？

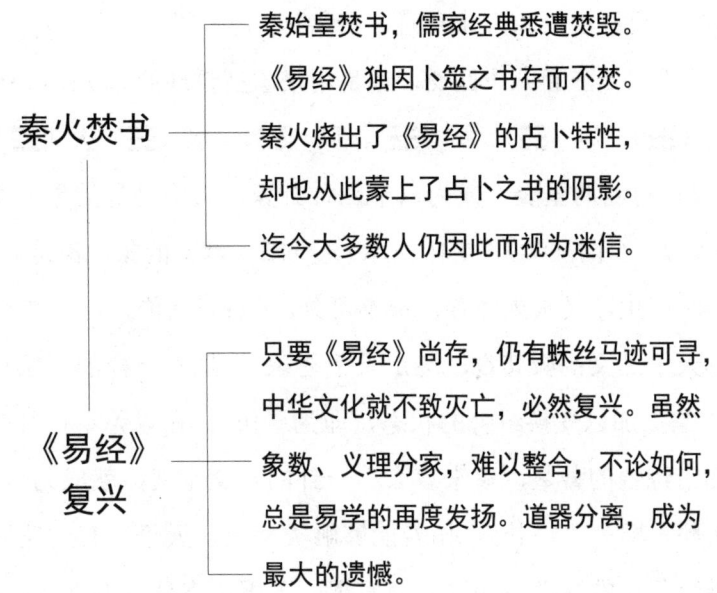

三、象征内涵由简易而复杂

伏羲氏当年悟"道",却没有语言、文字可以表达,这固然是缺乏工具,但说穿了,实际上不管任何工具,都难以完整而周全地把"道"表达出来。老子所说的"道可道,非常道",一直到现代,仍然是如实地描述出了"道"的真相。

"道"说不清楚,只好用"象"来象征。《系辞下传》说:"《易》者,象也;象也者,像也。"《周易》六十四卦、三百八十四爻,都是用来象征哲理的。从阴(⚋)、阳(⚊)两种基本象,合成天(☰)、地(☷)、雷(☳)、风(☴)、水(☵)火(☲)、山(☶)、泽(☱)八种自然形象,再两两重叠,成为六十四种卦象。其中卦辞的象、爻辞的象、爻变的象,以及老阴(⚏)、少阴(⚎)、老阳(⚌)、少阳(⚍)的象,都是易象探索的内涵。象中有数,象数同时产生,又永久并存,密不可分。《系辞上传》说:"参伍以变,错综其数,通其变,遂成天下之文;极其数,遂定天下之象。"把不一样的"象"互相比较,叫"参";将同样的"象"加以变换组合的状态,即为"伍"。在以蓍草占卦的过程中,反复多次地演变,将交错综合的蓍数,参来参去,一卦的六爻全变,就成为"错卦"。成卦之后,颠倒排列的次序,即为"综卦"。倘若能够触类旁通,天下所有的花样,就尽在这些变化通达中;把错综复杂的数理,加以充分发挥,天下所有现象的奥秘,都能够被破解。象数原本是一而二、二而一的概念,所以象数合称。西汉以后,渗入了各种"术数",流派很多,虽然各自言之成理,却由于花样繁多,迄今仍然是信者恒信,不信者恒不信,不如原有象数,简明易懂。

第一章　象数与义理怎能分家？

《易经》独因卜筮之书存而不焚。

↓

有了文字以后，大家透过文字来描述，
由于"道"很难讲，一直到现代，我们还记得这一句话。

↓

很难讲还是要讲，形成诸子百家不一样的学说，
说穿了，都是为了解析"道"的真相。

↓

"象"很简单，内涵却由简易而趋于复杂，
大家愈是努力想象，就想出了愈来愈多的"象"。

↓

花样繁多，令人眼花撩乱，反而不敢相信，
不如返璞归真，回归原点，恢复易简的精神。

四、义理十分重要却很难讲

义理的源头，应该追溯到《系辞下传》："夫《易》，彰往而察来，而微显阐幽。开而当名辨物，正言断辞，则备矣。其称名也小，其取类也大，其旨远，其辞文，其言曲而中，其事肆而隐。"《易经》不但可以察往知来，而且能够见微知著，防微杜渐；开卷有益，各卦的名称适当，物象明辨，言论周正，文辞决断；卦爻辞所称的名，虽然细小，所取喻的事类却很广大；意旨深远，文辞优美，语言曲折但切中事理，所说的事物直接明白却又深奥隐蔽。这并不是《易经》神通广大，而是其义理通透，一推便知。《系辞》中未曾出现义理字样，但实际上义理的内涵，已尽在其中。孔子生当乱世，人心惶恐，不免惑于吉凶祸福，以致卜筮之说盛行，穿凿附会，令人不堪其扰。于是孔子作《易传》，阐明象数背后的深刻义理。借象数以明义理，应该是伏羲氏一画开天的真实用意。卦象、爻象、卦辞和爻辞的象，其根本意义，仍在于表达义理。但是"义理"的原意，想必是"道理"，把"天垂象"所揭示的"道"，通过言行举止付诸实践。由于立场不同，背景不一样，悟出来的"理"难以一致，这才形成"公说公有理，婆说婆有理"的纷乱，错综复杂，争论不休。道理非常重要，却是说不通的，因为智者过之，愚者不及，所以我们才需要中道，也就是"中庸之道"。"中"便是合理，也是合乎义的要求，这才称为义理。卦象所寓的理，具有弹性，可以千变万化，所以六十四卦、三百八十四爻，能够包容天下万事万物万理。各取其合宜，因此名为"义理"。

第一章 象数与义理怎能分家？

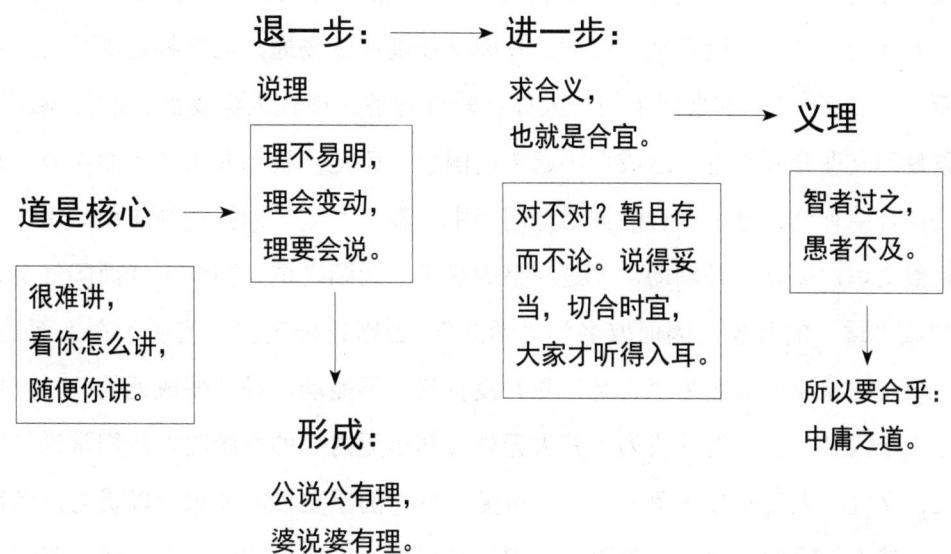

五、象数义理实在难分难解

"道"含有"象数"和"义理"两大要素，才合乎"一阴一阳之谓道"。象数、义理密不可分，紧紧联系在一起，也合乎"阴中有阳、阳中有阴"的法则。象数的功能，在表述义理；而义理的要旨，则隐藏于象数之中。"象数"有如人体的骨肉，显而易见；"义理"好比人体的血脉，隐而不现。然而，骨肉健壮则血脉畅通，血脉畅通则骨肉健壮，两者"一而二、二而一"，本来属于同一人体，难分难解。现代人深受西方的影响，重分难合，把象数和义理分开来看，造成合不起来的困惑。但是，我们并不是合而不分，却是能分能合。在合中有分、分中有合的灵活运用当中，看出"气"的关键性作用。由一气流行来贯穿象数义理，配合卜卦辅助，才是完整的易学。阴阳之道，阴气下降而阳气上升，阴阳交易构成"☷"的卦象，因而取名为"泰卦"。否则乾坤定位，明明天在上而地在下，为什么"☰"的象反而取名为"否卦"呢？没有气，不能动，卦就变成死的，一点也不灵活，仅凭六十四卦，怎么能够成为"其大无外，其小无内"的系统呢？我们常说气象、气数、理气、义气，人生不外乎争一口气，可见"气"的重要性。要求一以贯之，恐怕非气不可。大自然生万物的秩序，是先以天的阳气来创生，后以地的阴气来完成。阴阳合一的气，称为"太和之气"。我们最喜欢和气生财，便是象数义理的气，和谐合理。自然太和之气，贯通天、人、地三才。我们不必忧虑地震的事先预测和事后救济，却能够平顺地使地震不再造成伤害，岂不乐乎！

第一章 象数与义理怎能分家？

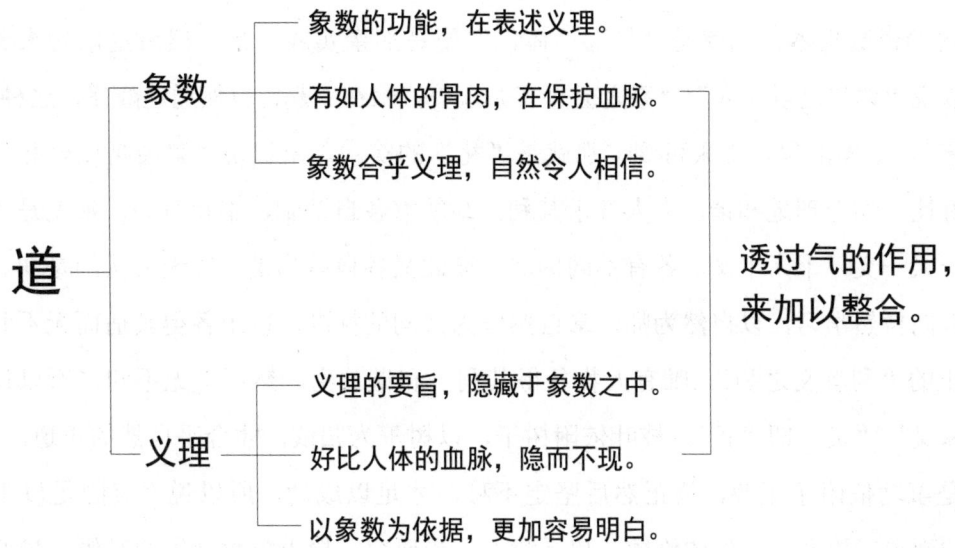

六、用自然来检验象数理气

乾卦《文言》说："元者，善之长也；亨者，嘉之会也；利者，义之和也；贞者，事之干也。君子体仁足以长人，嘉会足以合礼，利物足以和义，贞固足以干事。"明白指出，"元亨利贞"是君子必备的当然品德。"元"为众德之首，也就是最高的德行。"善之长"即为众德的最高根本，也就是"仁"。"体仁"便是躬亲实践仁德，然后足以为人民的首长，所以说"体仁足以长人"。"嘉之会"有如众美汇聚在一起，自然通达隆盛，这种状况，即为"亨"。众美汇聚，文采可观，那就是"礼"的实践，所以说"嘉会足以合礼"。"义之和"好比一切合理地和谐，人人各求其利，却能够各自节制，不相争夺，那就是"义"。然而，一人一义，十人十义，各有不同标准，彼此又各自以为是，并无公认的是非。这时候，只有向自然学习，以自然为师，拿自然作为共同的标准，以求各得其适而无不利，这才是真正的"利者义之和"。唯有人物各得其利，和谐共生，然后义无不和，所以说"利物足以和义"。"贞"即"正"，枝叶依附树干，以树干为归依，才合乎自然的正道。"事之干"便是事功依附于正德，德正然后坚定不移，才足以成功，所以说"贞固足以干事"。由自然的现象，引发出人生的修德，启示我们：当研究、探求象数理气的时候，最好是以合乎自然与否，作为检验的标准。我们可以顺其自然来创作，而不应该违反自然规律，说出一些歪理，做出一些歪事。当然，我们也不应该完全听任自然，一生毫无作为。若是如此，岂不相当于坐以待毙，人生显得太没有价值，也辜负了上天的美意。

第一章 象数与义理怎能分家?

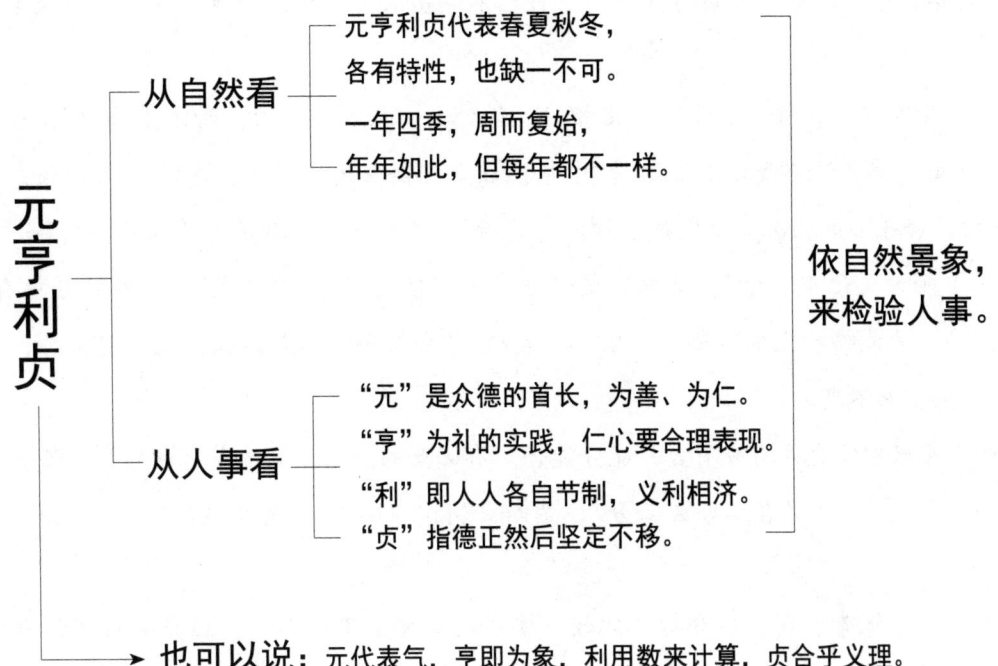

我们的建议

（一）现代人喜欢"说清楚，讲明白"这种主张若非存心整人，便是显得自己十分浅薄。我们要自己想清楚、看明白，而不是自己不做功课，完全依赖他人，过着"他主"的生活。

（二）中华文化，并非和西方文化相对。说什么"东方重人治，西方重法治"，根本就不合乎事实。倘若说"西方重法治"，中华民族是"寓法治于人治，人治法治兼顾并重"，这样就比较合乎实际状况。我们把它称为"礼治"，并非一般人所说的"人治"。

（三）西方文化重"分"，而中华文化并非重"合"，而是重"生"。只有"分中有合，合中有分"，才能够"生生不息"。"生"是太极，"分与合"则是两仪。生中有分合，有分有合才能生生而不息。

（四）象数理气也是有分有合，能分能合。有必要的分，才能造成有利的合。诚如《三国演义》所说："分久必合，合久必分"。然而，"长合短分"才是幸福，"长分短合"必然痛苦。

（五）居于探索、研究、分析、比较、实验的需要，不得不分，但是分得不能再行整合，那就是支离破碎，专而不通，必然会有瓶颈，最好设法加以突破，务求互通，才能获得比较完整的学问。元亨才能利贞，不通必然不利。

（六）只有象数理气兼顾并重，才能使易学生生不息，持续发扬光大。河图洛书为易象之祖，为了深一层认识八个基本卦，我们接下来便要再次探究"先、后天八卦"的奥秘。

第二章 先后天八卦从哪里来?

先、后天八卦究竟从哪里来?
历来众说纷纭,有许多争论。
如今事过境迁,不如搁置争议,
把先天当作立体,而以后天来致用。
先天八卦的要旨,在四维四隅定位,
乾南坤北、离东坎西,合乎自然景象。
乾坤坎离居于四维的位置,为四正卦,
震巽艮兑四卦居于四隅,便是四隅卦。
后天以坎离取代坤和乾的位置,
乾居西北而坤居西南,当然也有其道理。
实则先、后天位异而用同,各有深意,
说起来都是由道而来,含有象数理气。

一、象数理气全都由道所生

易学的根本，当然在"道"。老子在这方面的解说，最为精准。《道德经》明白指出：

（一）道是天地万物共同的母亲，天地万物都是道生出来的。象数理气，当然也不能例外，全都是由道所生。

（二）道生万物，即不离开万物，一直陪伴着。

（三）但是道不主宰万物，由万物各自化生。

老子说"道"，孔子传"道"，诸子百家都在解"道"，而其根源，即在"易学"。所以说：中华文化源于"易"。由于"道"看不见、摸不着，也听不到，只好用语言、文字来加以描述。然而，伏羲氏当年，尚未有文字出现，简单的语言也不足以表达"道"。因此别出心裁，一画开天，用"象"来表现。从这一画的分（--）合（—），使我们明白"道"具有阴、阳二性。更进一步发展为四象、八卦、六十四卦，变通灵活，组合方便，并且整齐美观。

卦的次序，引出"数"的观念。乾一、兑二、离三、震四、巽五、坎六、艮七、坤八，固然是宋代邵康节的说法。但是"数"的概念，应该在远古时代，便具有根苗。由"象数"的变化，想出"理"来，因而反推出"气"，也是必然的演化。因此衍生的各种变化多端的"术"，更是五花八门，不胜枚举。贤者识其大者，不贤者识其小者，各取所需，也自作自受。易学既然广大包容，就不必有所排斥。现代生活环境发生变化，人们的思想也随着日趋复杂，这也使得我们更能够从各种层次，以不同角度来探究易道。

第二章 先后天八卦从哪里来?

天地自然之图

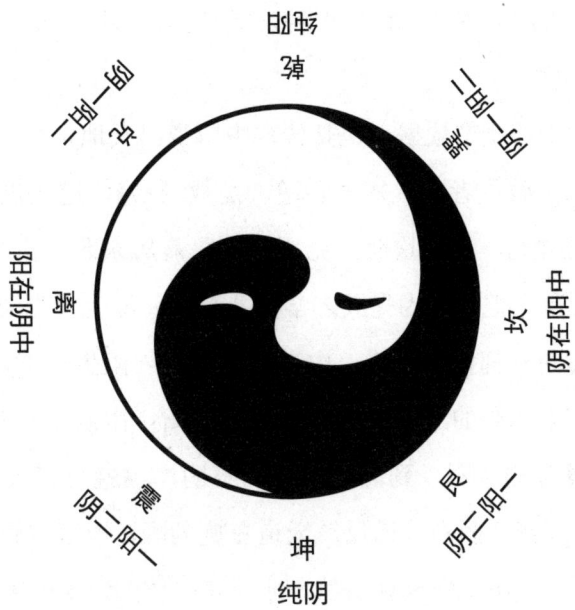

二、先天八卦从《说卦传》而来

　　古圣先贤所著的书，合于常道常法的，都被尊称为"经"。有"经"必有"传"。例如《周易》是经，"十翼"便是传。因为经文看似简易，内涵却至为深奥，为使学习者能够深入了解，古圣先贤口授讲解之余，便用记录方式写成简册。为了和"经"有所区别，所以称之为"传"。《周易》的"十翼"，即为十种《易传》。其中有一部《说卦传》，内容是专论阴阳参天地造化的义理。

　　先天八卦，就是北宋邵康节依据《说卦传》中所说："天地定位，山泽通气，雷风相薄，水火不相射，八卦相错。数往者顺，知来者逆，是故《易》，逆数也。"认为这便是伏羲八卦的定位，也就是乾南坤北，离东坎西，兑居东南，震居东北，巽居西南，艮居西北，于是八卦相交而成六十四卦，把它作为先天之学的八卦图，即为"先天八卦"。

　　八卦定位，凡相对的卦都彼此互错。由东北方震卦一阳生于下，上进至东方离卦和东南方兑卦之二阳，到南方乾卦的三阳，也就是盛极的阳；由西南方巽卦一阴生于下，反退至西方坎卦和西北方艮卦的二阴，到北方坤卦的三阴，也就是盛极的阴。这样可以看出：由震卦一阳左旋而进，巽卦一阴右旋而反。天道左旋为顺，地道右旋为逆，合乎天地之道。这固然言之成理，但是，八卦来自天地自然，应该是立体的，不能因为我们的纸是平面的，以致把画在平面上的八卦，也看成平面的，那就很不妥当了！至于天地何以定位？山泽如何通气？雷风怎么相薄？为什么天道左旋为顺，而地道右旋为逆？更需要进一步加以深究，才能明白。

第二章 先后天八卦从哪里来？

先天八卦正位图

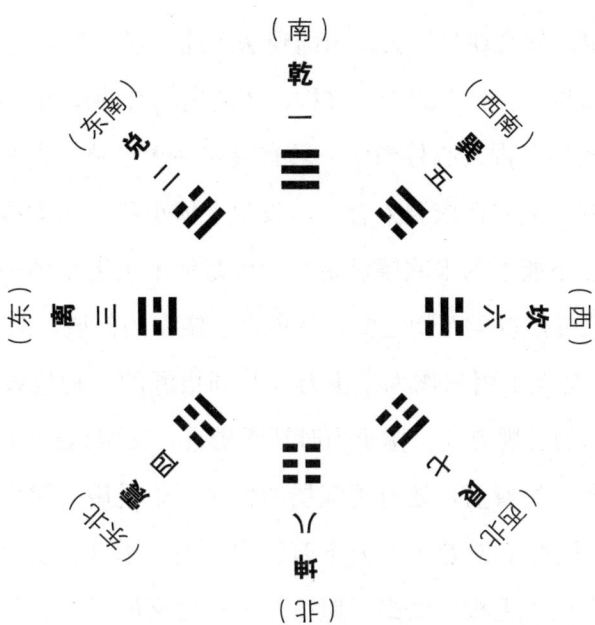

三、八卦是道生出来的产物

《系辞上传》说："是故《易》有太极，是生两仪，两仪生四象，四象生八卦，八卦定吉凶，吉凶生大业。"说明"八卦"是从"太极"生出来的。"太极"从哪里来？"太极"是孔子想出来的。孔子主张"下学而上达"，先由"下学"着手，从"古者庖牺氏（也就是伏羲氏）之王天下也，仰则观象于天，俯则观法于地，视鸟兽之文与地之宜，近取诸身，远取诸物，于是始作《易》八卦"的创作过程，体会出八卦的作用，在于"以通神明之德，以类万物之情"。"神明"在古人心目当中，只有灵知并无形象。人和神明相通，表现在人的德行。我们上达天神，无非在求天人合一，破除个体小我，与太极合一。然而我们的形体，却为了生存发展，不能不为求欲望满足，无可奈何地走上个体独立的道路。因此由太极回顾万物，推演出八卦，以类万物之情，就走出了儒家的仁道。

"道"这个观念，是老子用来作为宇宙万物共同根源的一种假设。换句话说，伏羲一画开天，是一种不得已的表现方式。由于当时缺乏语言、文字这样的工具，不得不以"象"来表达，老子认为"象"的背后，还有更深层的根源，于是用"道"来表示。后来周濂溪提出"无极而太极"，便是依据老子"天下万物生于有，有生于无"的假想。认为《易》有太极，那么"太极"由"无极"而来，似乎是天经地义的事。实际上，太极也是亦阴亦阳、亦动亦静、亦有亦无的。儒家所说"一阴一阳之谓道"，和老子所说的"常道"，可以说是同一的道。由此可以推知：八卦是道生出来的。

第二章　先后天八卦从哪里来？

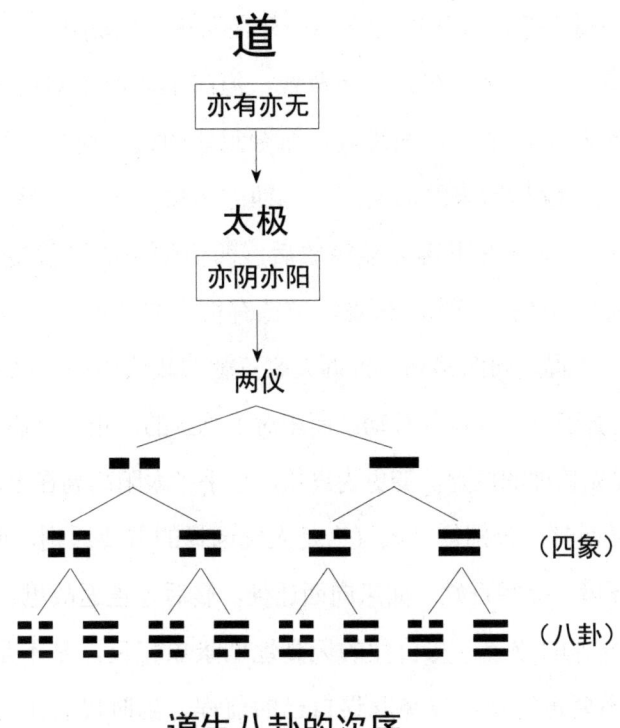

道生八卦的次序

四、后天八卦重视政治号召

夏朝最后一个帝王夏桀，个性暴虐不仁。相对而言东方商族领袖成汤却勤政爱民，贤能人士自然纷纷前来投效，帮助商汤成为商朝的开国君王。商朝传至纣王，由于暴虐无道，使得人民由失望转为怨恨。诸侯中有人开始背叛，但纣王非但不知反省，竟然还制作"炮烙"酷刑，也就是在铜柱上涂油，下面烧炭，命令犯罪的人在铜柱上行走，直至掉落火炭中活活烧死。当时西伯（就是后来的周文王）为西方诸侯之长，个性仁厚爱民。但纣王却听信谗言，把他囚禁在羑里。好不容易被释放后，西伯便决心讨伐纣王。为了号召民众，他把先天八卦的卦位加以调整。在当时来说，应该有很大的功效。

文王首先把乾坤的位置，向西移动，告诉大家王朝的政治中心，将要在西方出现。中间安放兑卦，暗示大家投奔西方是喜悦的行动。而相对于兑卦的，正好是震卦，表示纣王的地盘即将产生重大震动。原先乾坤的位置，变更为离坎，合乎"太阳高高在上，水在地上流动"的自然景象。其余巽、艮两卦，分别依"风气"是人民选择的首要原则，而"安定"则是人民受震之后才能获得的环境，提醒百姓：闻风向西迁徙，震后才重返故里，以免受到震的伤害。

八卦之中，只有乾坤的位置，与自然的天高地低景象相反，是不是暗示即将变天了？号召百姓赶快响应，不要再等待，以免耽误自己的前程。当时民智未开，文王只好以神道设教，透过后天八卦图，来催促百姓采取行动。

事实上，伏羲氏和周文王，都没有真正绘出图像。后天八卦，同样是《说卦传》另一段文字的发挥，请看后节。

第二章 先后天八卦从哪里来？

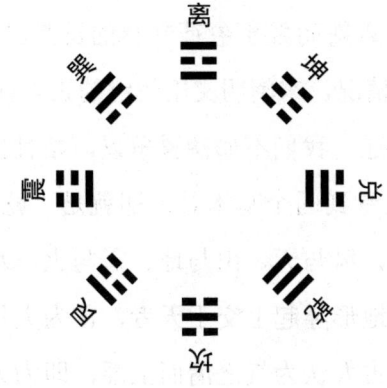

后天（文王）八卦图

五、帝出乎震万物却悦乎兑

《说卦传》指出："帝出乎震，齐乎巽，相见乎离，致役乎坤，说言乎兑，战乎乾，劳乎坎，成言乎艮。"充分说明："天地造化产生万物的最佳时机，在于象征春分的震卦；一齐成长于象征立夏的巽卦；繁茂显现于象征夏至的离卦；获得役养于象征立秋的坤卦；然后成熟欣悦于象征秋分的兑卦；交接配合于象征立冬的乾卦；接下来疲劳止息于象征冬至的坎卦；最后成其旧功而接着重新萌发于象征立春的艮卦。"当时农业人口最多，透过春耕、夏长、秋收、冬藏的实际情况，来阐明文王伐纣的正当性，实在十分高明。

这些事情，都已经时过境迁。我们不如搁置争议，姑且把先天八卦视为立体，以后天八卦来致用。八卦实际上可以看到四个基本卦，那就是"乾、坤、坎、离"。因为"天地水火"应该是万物生化的根本，风与天、山与地、雷与火、水与泽，可以说是同类。风即天之吹气下交于地者，山便是地形隆起上交于天者，雷为火郁于地而搏击奋发者，泽就是水聚集在地上而布散滋润者。古人认为气之清而上浮，即为天；风乃气的流动，完全是站在生命力的角度，来观看自然景象。雷为声，火为形。阴阳始交而发声，为雷。阴阳交而生火，与雷同性。先天以南北为经，乾南坤北，是体；以东西为纬，离东坎西，即为用。后天以天地为体而居四维，水火为用而居四正。先后天位异而用同，先天为自然天体，后天是王法主要依据。先天乾坤之位，后天坎离居之，对人来说，水火的重要性，实不亚于天地！

第二章 先后天八卦从哪里来？

后天八卦以天地水火为体用图

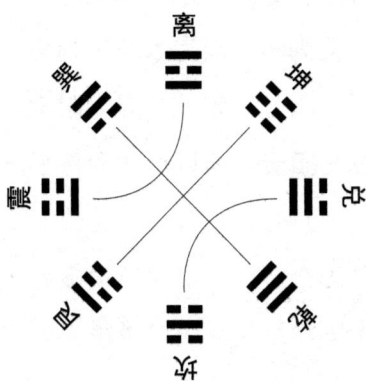

六、阴阳五行发展各种妙用

　　研究易学的人士，常说五行原本不在易学之内。然而易学广大包容，又怎么能够将五行排斥于外呢？后天八卦的卦位，从震开始，依次为巽、离、坤、兑、乾、坎、艮，即在说明太极既分阴阳之后，便播五行于四时。震巽二木主春，故震在东方，巽东南次之。离火主夏，所以位于南方。兑乾二金主秋，兑为正秋位在西方，乾西北次之。坎水主冬，为北方之卦。土主四季，所以坤土位于夏秋之交，为西南方。艮土在冬春之交，位于东北方。为什么震巽为木、兑乾为金、坤艮为土？因为木金土为形生，有形有质，所以分阴阳。坤为阴土，所以处阴地；艮为阳土，因此居阳地。震为阳木，居正东；巽为阴木，近南而接乎阴。兑系阴金，位于正西；乾为阳金，所以近北而接乎阳。为什么水火不分阴阳？因为水火是气生，由坎离来代表。

　　先天八卦重八象，后天八卦配合五行，演化出很多方术。加上天干（甲象征阳气包藏于甲壳之中，待时而出。乙表示车轮运转，阳气脱甲壳而出。丙代表阳火炳明而光耀。丁象征物丁壮而成。戊意谓茂盛。己即为"起"，表示万物繁茂而立于地。庚即为"变更"，万物由繁茂而转变。辛便是"收敛"，万物由繁茂而收敛。壬代表"妊孕"，阳气养于内。癸即是"揆度"，阳气由水揆时而生）地支（子、丑、寅、卯、辰、巳、午、未、申、酉、戌、亥，表示阴阳变化的自然规律，与地球自转及公转密切相关），变化万千，各有妙用。我们还是先把八卦的道理体悟清楚，再来研用也不迟。

第二章 先后天八卦从哪里来？

后天八卦配合五行图

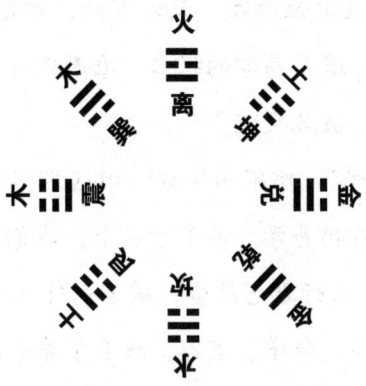

我们的建议

（一）由伏羲、文王到孔子赞《易》，都是依据一画开天，可以说由"象"入手，以象数推理。透过持经达变，有原则地因人、因事、因时、因地而制宜，务求合理开物成务。

（二）老子认为伏羲一画开天，主要在阐明天道，却受限于当时传布工具不足，才不得不由"象"入手。他假设宇宙万物的本体为"道"，把易学的形上方面，发挥得淋漓尽致。老子和孔子，可以说是一向上、一向下，彼此分工合作。

（三）"道"先天下生，而且永恒存在。天地万物，都是道的产物。先、后天八卦，天干地支、五行，当然也不例外。道是易学的根本，象数理气和占卜，以及各种方术的运用，都是道的产物，可以相互印证，彼此交流。

（四）老子、孔子虽然有道家、儒家的区分，但这只不过是居于研究的方便。实际上，可以说两家都是在发扬易学、宣扬易学。甚至于占卜，我们也应该加以包容，妥善运用。

（五）孔、老以后，儒家与五行思想结合，道家向气化方面发展，产生许多非儒非道、亦儒亦道的学派，以致占断灾异、命学、堪舆、姓名学等等反而比易理更受到人们的注意。

（六）我们奉劝各位，最好老老实实，先把易理探究明白，以期能够应用在自己的日常生活当中。至于其他方面，稍为知悉便好。若要深入研究，恐怕会费尽半生精力，却难有功效。

第三章 怎样以诚沟通天地人？

道产生天地人，是共同的根源，
天地人都由道产生，所以能够合一。
一本万殊，表示万物各有其生存之道，
然而万变不离其宗，全都离不开大道。
道有正道，当然也有偏道，
这才合乎"一阴一阳之谓道"。
人类有偏道的倾向，必须由偏复正，
这需要修养的功夫，人人皆以修身为根本。
宇宙万物的共同本性，是一个"诚"字，
我们只要至诚不息，便能由己及人，推广出去。
从这一端的诚，推及天地万物的诚，
君子自强不息，便是不断以"诚"沟通天地人。

一、道是天地人的共同根源

老子《道德经》指出:"道"是自本自根的,先天地而生,却能够产生天地万物。天地人都是"道"的产物,所以"道"是天地人的共同根源。有了"道"作为共同根源,天地人才得以顺利沟通。对人类来说,"道"就是行走的道路。人生是我们每一个人自己走出来的历程。我们的人生道路,各不相同,也就是各有不同的生存之道。俗语说:"你走你的阳关道,我过我的独木桥。"便是人各有志,不必勉强求其一致。人类有生存之道,一切现象的生灭,也各有其不一样的道。"天道"代表自然法则,就是自然现象所走的道路;"人道"则是我们的言行法则,也就是人事现象所走的道路。

《易经》六十四卦,可以说是"宇宙人生六十四种可行的道"。特别是乾卦的"自强之道",坤卦的"顺承之道",成为人人必走的基本大道。然后屯卦的"始生之道",蒙卦的"启蒙之道",需卦的"待机之道",讼卦的"息争之道",师卦的"克敌之道",比卦的"得人之道"……以至于既济的"善终之道",未济的"自救之道",无一不是以"道"通天(地)人的生存发展之道。

我们常说"求同存异",便是以乾卦的"自强之道"和坤卦的"顺承之道",作为共同的基础,任各人自化,各自走出不一样的生存之道。因为"道"是无限宽广的,而且"道"存在我们身上,却不主宰我们。使我们有各自选择的自由,来承受自作自受的结果,而不怨天尤人。人各有道,然而彼此相通,甚至于扩大到可以和天地自然相通,这是"天人合一"的主要依据,否则天人相隔甚远,怎么能够合一呢?

第三章　怎样以诚沟通天地人？

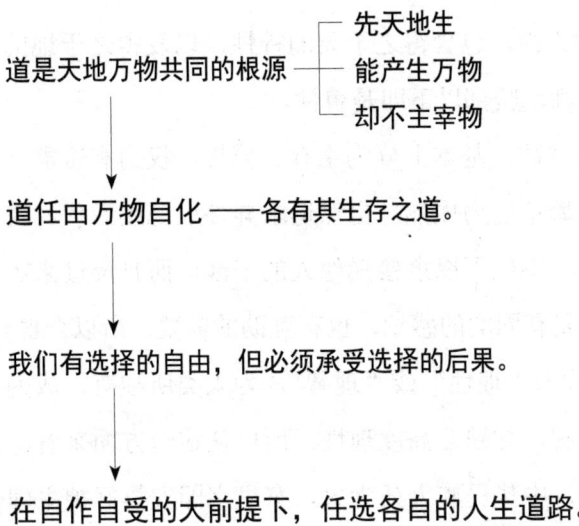

二、道有正道当然也有偏道

既然说"一阴一阳之谓道",我们就不得不面对"道"有"正"有"偏"的事实。慷慨好施固然是道,刻薄寡恩又何尝不是道?

人类由天地生出来,同时由天地带来某些东西,称为"天赋",也就是出生以前就具有的先天禀赋。我们的人性,包含得之于天的神性,以及得之于地的兽性。大抵以腰部为分界线:腰部以上为神性,腰部以下即是兽性。

兽性的代表,便是情欲,基本上分为生存、异性、权力和合群。人一生下来,便想尽办法要求生存。长大后繁殖能力成熟,自然追求异性以延续后代。我们固然受到自然的限制,却也企求改造自然。不但不愿意接受他人的干涉,而且反过来还想要干涉他人,于是就产生了权力欲望。人我有同类的感觉,也有互助的需要,所以合群也是自然情欲的一种。

"神性"在现代,称为"理性"或"理智",为人类所独有,成为"人之异于禽兽"的关键。禽兽虽有低度理智,却缺乏高度理性。所以从这一方面来看,人类不但像神,甚至于可以说是能够成为神。中华民族人死为大,家里立即安排好神主牌位,来迎接甫告往生的神,实在是一种重视神性的最佳呈现。

兽性是偏道的,必须由神性来加以辅导,才能返回正道。因此以理智辅助情欲,便成为我们修身的主要法则。时时以复卦的"不远复"自我警惕,稍有偏道倾向,便立即自我修正。一方面自强不息,各自发展;一方面还要顺承大众,得道多助。两方面兼顾并重,时时刻刻做出合理调整,务求从偏道趋于正道,使自己的上进达到适可而"正"的地步。

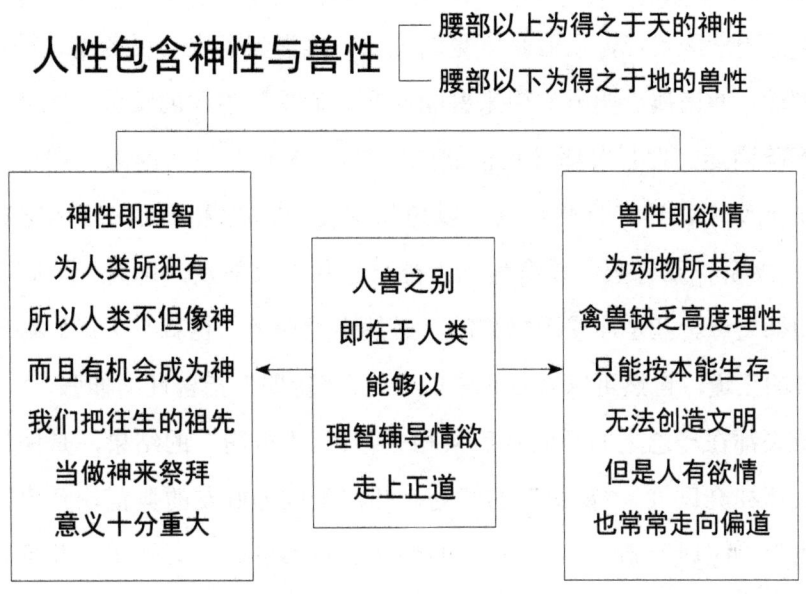

三、坤彖先迷后得的关联性

坤卦（☷）彖辞说："先迷失道，后顺得常。西南得朋，乃与类行；东北丧朋，乃终有庆。安贞之吉，应地无疆。"由于"道"生人却不主宰人，任人自化。天生的各个人，都能够各正性命。然而人有身体，也有各种情欲，想要合理加以节制，实在是谈何容易！就实际情况来看，先迷失自己，反而是常见的现象。难怪老子说"反者道之动"，先迷后得，原本是正常的动。西南属于阴方，用来譬喻现实生命受到情欲的蒙蔽；东北属于阳方，用以譬喻阳明弃除阴迷，理智发挥导正情欲的功能。《彖传》以"西南得朋"为贬词，提醒贵妇团不要彼此牵引，迷恋物质财富，以免伤害丈夫、教坏子女，败坏家庭的幸福；以"东北丧朋"为赞辞，嘉许那些以身作则，能够感化妇女朋友，舍弃、节制不正当情欲的人，实在是功德无量。凡是迷惑于物欲的，必然走上偏道，也就是失道。倘若能够及时觉醒，顺承乾健的正道，自然可以恢复正常的人性。"得朋"指兽性的伸张，"丧朋"则是神性的发扬。得失都在一念之间，但其后果相去甚远。"得朋"的结果，是朋比为私，彼此奢侈炫富，败坏社会风气。"丧朋"的好处，却在于成为好友的典范，凡事适可而止，所以"终有庆也"。"应地无疆"，象征牝马的顺承，必须目标正大光明，并且有始有终，才能获得安贞之吉。乾不离坤，坤不离乾。自强不息需要目标正大，合乎正道。承顺的美德，也需要正道的乾元来加以引导，才能安贞。"先迷后得"，是人生修习的正常途径，只怕"先迷后不得"，用不着担心"先迷"。

第三章 怎样以诚沟通天地人？

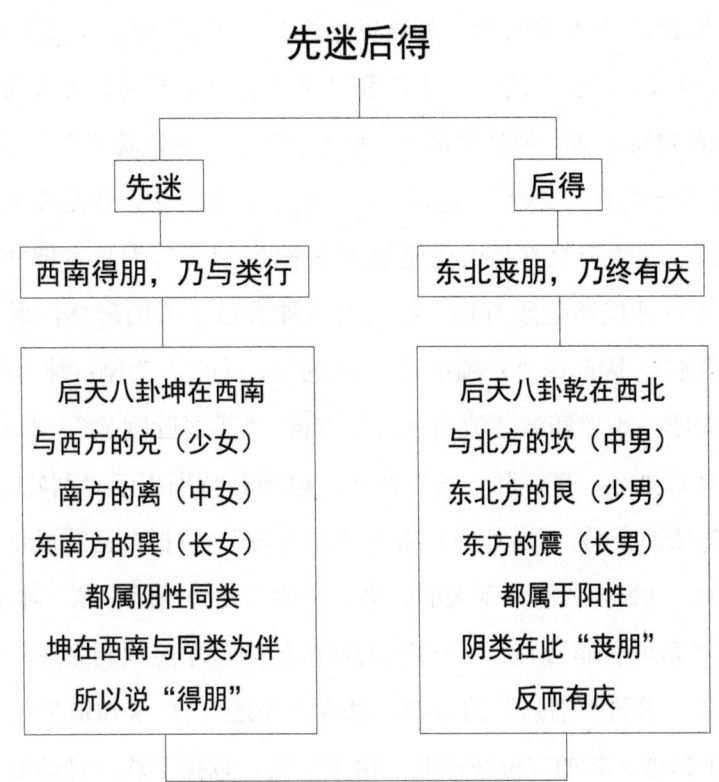

四、柔弱胜刚强即后顺得常

乾卦（☰）彖辞说："大哉乾元，万物资始，乃统天。"坤卦（☷）彖辞指出："至哉坤元，万物资生，乃顺承天。"试问："大"和"至"有什么不同？天大到可以包地，所以称"大"，能够兼顾包容异体。但是地再大，也不能包天，所以称"至"。天授气，地承受。地的"资生"，是承自天的"资始"。地道无成，表示万物资生，都是奉天意而行，其功属于天。"万物资始"，是说万物都是由乾元创造出来的。"元"为基本精神，正因为天具有这种基本精神，所以才能够创造万物。乾元的精神大过了天的形体，所以说"乃统天"。坤元奉天意而"资生"，因此说"乃顺承天"。乾为阳、为气、为刚；坤为阴、为形、为柔。柔弱有利于顺应阳刚，不致随波逐流而迷失了方向。"柔弱胜刚强"，表示顺着正道而行。乾坤两卦，共同具有"元、亨、利、贞"四德，但坤卦特别提示"利牝马之贞"，象征地道阴柔，有如母马依恋公马。《说卦传》指出"乾为马"，坤把自己看成母马，却视乾如公马，表示坤的柔顺、体贴，愿意承受天的阳刚、屈伸。乾为马而称龙，坤本为牛而称牝马，便是老子所说的："名可名非常名"，告诉我们坤阴乾阳，才能顺利完成生化作用。坤元刚开始时，尚未明白"柔弱胜刚强"的道理，以致"先迷"。后来知道生化的奥秘，自然顺应自然法则而行于常道。乾的方位在西北，由阳生阴，以接于坎；坤的方位在西南，由阴化阳，以近于离。象征天道下降，地道上承，正是天地交往循环的方式。地面有高低险阻，并非完全平正，所以坤道以顺受为原则，才是常道。

柔弱为什么能够胜刚强?

柔弱并不是软弱

乾刚坤柔是相对的,
不是绝对的,
刚中有柔,柔中也有刚。
乾为阳、为气、为刚;
坤为阴、为形、为柔。
两者互动配合,
才能够生生不息

以柔克刚当然胜刚强

坤柔合乾刚,
一生一成,一虚一实。
以柔成刚,以静而动,
乾所生,而坤克生之。
逆则迷,顺即常。
坚强者死之徒,柔弱者生之徒。
强大处下,柔弱处上。

五、天地之气因人交往反复

《系辞下传》说："《易》之为书也，原始要终，以为质也。六爻相杂，唯其时物也。"《易经》这一部书，是以追溯事物的原始，加以归纳终结，用来探求事物的本质为要旨。至于复杂的六爻，只是反映某一事物，在某一时间的象征而已。

"其初难知，其上易知，本末也。初辞拟之，卒成之终。若夫杂物撰德，辨是与非，则非其中爻不备。"六爻之中，初爻大多不容易理解，因为它代表事物的根本，比较隐秘难明。上爻通常很容易理解，由于它已经是事物的末端，所以表现得相当明显。初为本，上为末，由下而上，事物的形象便逐渐完备了。至于夹杂某些物象变化，象征阴阳德性，要想辨识是非吉凶，那就必须从中间的二、三、四、五爻，综合观察分析，才能够全面加以理解。

每卦六爻，分别代表天、人、地三才，各有阴阳两爻。人位中爻三四回转，交往反复，象征轮回无穷，其道不息。古文"以"字，即为"用"。六十四卦大象，除了剥卦（䷖）用"上"以厚下安宅；泰卦（䷊）用"后"以财成天地之道、姤卦（䷫）用"后"以施命诰四方；离卦（䷝）用"大人"以继明照于四方；比（䷇）、豫（䷏）、观（䷓）、噬嗑（䷔）、复（䷗）、无妄（䷘）、涣（䷺）用"先王以"之外，其余五十三卦，完全用"君子以"。所有内容，大多与《大学》《中庸》《论语》相符合。大大地提高了人的价值，在"赞天地之化育"方面，和禽兽拉开了极大的距离。天地之气，借由人道的努力，得以交往反复，而生生不息，实在非常重要！

第三章 怎样以诚沟通天地人？

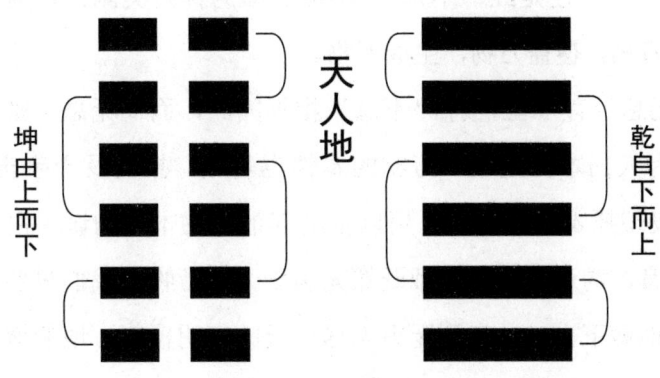

六爻交往反复
人道三四回转

六、精诚所至能沟通天地人

乾卦（☰）大象："天行健，君子以自强不息。"与《中庸》所说"至诚无息"，用意相同。"至诚"为什么"无息"呢？《中庸》说："天地之道，可一言而尽也，其为物不贰，则其生物不测。""不贰"便是纯一不杂，"不测"即为神妙莫测。天地之道本身就诚一不二，因此能够承载万物，覆盖万物，生成万物。

"不息"和"无息"有一些差别："不息"指不间断，而"无息"则是绵延进展，永不停息。《中庸》认为人的本性是诚，万物的本性也是诚，推而及于宇宙全体，也都是诚。"至诚"便是尽力表现原本具有的诚，用以推动其他事物本有的诚。由于诚是一体的，所以能够赞天地之化育，沟通天地人。诚既然充满于天地万物，我们只要把诚的功夫做得不间断，便可以长久地做下去，一直到无穷无尽。天的高明覆物，地的博厚载物，人的彼此感应，都来自诚。

这种由一端的诚，推展到全体的诚，称为"致曲"。"致"的意思是推广、扩充，"曲"则是一端或一偏。"致曲"便是由一端扩充到全体，由一偏推广到一般。这一端的诚，虽然只是全体的诚的一部分，但这一部分，也包含有全体的诚的本质，所以也能够达到至诚的地步，因而产生"化"的作用。一旦有了化的功能，便由一端的诚，达到全体的诚了。"致曲"的功夫，即使不比至诚之道高明，却比至诚之道来得重要。因为对一般人来说，我们只能寄望其"致曲"的功夫。只要从自己做起，便能够推及其他。人人不愧于天，无论做什么事，只要努力向前做去，总是沟通天地人的一种力量，总会有所得。

第三章 怎样以诚沟通天地人？

精诚所至，金石为开

儒表

儒家提出"诚"，
说诚是宇宙万物的本质。
诚的表现在于伦理，
具体行为即为孝。
孝的伦理是宗法社会的基础，
也是大众奉行的儒家力量。
修道之谓教，
儒家透过道德教化导入正道。

道里

道家直接说"道"，
说道生宇宙万物。
道的作用在于自然，
无为而无不为。
"诚"与"道"是二而实一，
可以说是互为表里。
我无为而民自化，
道家以无事的方法处理天下国家。

"诚"与"道"是二而一、一而二的

我们的建议

（一）孟子倡导"思诚"，认为至诚可以动人，不诚便不能动人。他的说法，是居于伦理学的观点，致力于个人心志上的努力，相当于孔子所说："我欲仁，斯仁至矣"。

（二）《中庸》把诚的层次，提高到宇宙论的观点，指出："诚者，天之道也；诚之者，人之道也。"宇宙的本质是"诚"，宇宙本质的发展，即为"诚之"。"诚"为体，而"诚之"为用。体不离用，用不离体，可以说体用合一。

（三）《中庸》的"诚之"，和孟子的"思诚"不同。"诚之"固然是人之道，却不限于人类，可以扩大到万物，所以《中庸》说："诚者物之终始，不诚无物"。"诚"充满于天地万物之间，却全靠人把它表现出来，所以"诚之"十分重要。

（四）"诚之"的功夫，如果做得十分充实，便能够沟通天地人，把宇宙与人生合而为一。人到了这种地步，就可以与天地并立而为三，与"天地参"了。

（五）《中庸》说："天命之谓性。"天命即是自然所赋予的命，与老子所说"莫之命而常自然"是相同的。孔老二圣，都在说明《易经》的智慧，只是为了方便研究，才提出不一样的主张。

（六）《易经》第六十一卦为中孚（☲），卦名的"中"，指的是内诚，而"孚"则是外信。"中孚"两字，便是诚信的化身，以诚见信于人。接下来我们便来看看，"中孚"与一般所说的"信"有什么区别。

第四章 精诚所至真有大效果？

中孚卦上下四阳爻，包裹中间二阴爻，
象征果核的仁，包在坚壳之中，十分安全。
虽然尚未显现生机，却是新生命的希望，
我们深信其传承生命的生机，坚定不移。
外四阳为母鸟，中二阴即为鸟蛋，
母鸟孵育小鸟，象征互信互动的景象。
中孚卦象外实内虚，表示中实诚信，
内以诚信存心，外以踏实践履，即为真诚。
真诚原本是天地万物共同的天性，
人类却因为种种原因而自我蒙蔽。
必须由人性推展到天命之性，
还我本来面目，才能沟通天地人。

一、孟喜卦气从中孚卦开始

汉代由于秦始皇一把火烧掉先秦经典，导致干支、五行、星象、占术、堪舆等数术，纷纷以《易经》为名，借壳上市。易学广大，既然无所不包，当然不能加以排斥。西汉比较著名的象数易，有孟（喜）、焦（延寿）以及焦的弟子京房三家。其中，孟喜依据历时改列文王的卦序，在易学发展的过程中，产生了颇为重大的影响。孟喜的二十四卦气图，从中孚卦（䷼）开始，到颐卦（䷚）为止，以六十四卦与历时相配合，坎、离、震、兑四卦代表春、夏、秋、冬四季。中孚卦（䷼）的卦象，上下四爻为阳爻，三、四两中爻为阴爻，象征外刚坚而内柔弱，和我们常见的果核，十分相像。果核的仁，包在坚壳之中，虽然尚未显现生机，我们却相信其必有传承的生机，所以"孚"的要旨，即在于"信"。老子《道德经》说"道"其中有"信"，便是由此而来。而《中庸》所说的"诚"，其实也是坚定的信心。后来"诚信"连用，便是谓诚心地相信，才会灵验，所以说"诚则灵"。

中孚卦（䷼）紧接着即为复卦（䷗），表示在一阳来复之前，要先有一阳始生的信心，才会有一阳来复的生机。中孚上下两卦，刚好完全对称。好比一面镜子，上下互相映照。彼此互相信任，共同相处。上下都以虚心的阴爻交接，所以称为"中孚"。"孚"字上"爪"下"子"，象征卵生动物孵化时，必须以爪推动卵，使其每一部分都获得相同的温暖，才有利于孵化。一旦幼子破壳而出，即是信的成果。中孚为冬至中气的开始，小寒、大寒将至，但我们充满信心，一阳就要来复了！

第四章 精诚所至真有大效果？

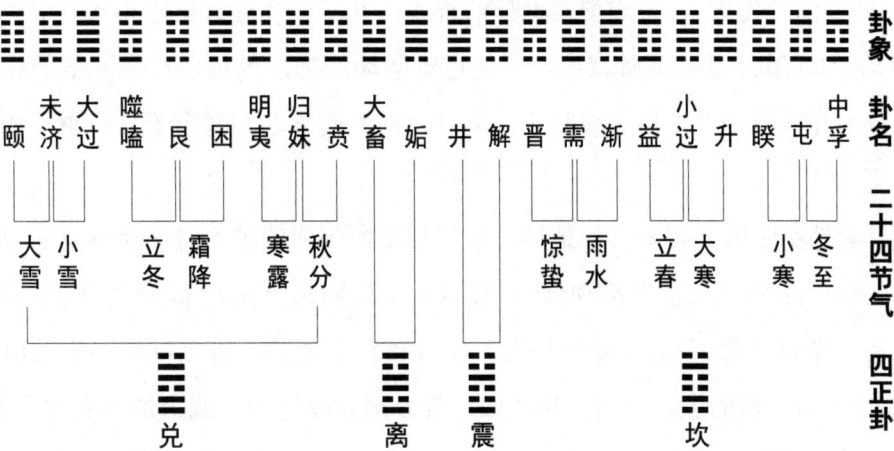

孟喜卦气六十四卦序

二、中孚提醒大家以诚存心

中孚卦（䷼）二柔在内，象征中虚，也就是心中谦虚。九五、九二分别居于上下两卦的中爻，以刚居中，表示上位者具有实心，能推诚及物；而下位者具有实德，能自守以成其事。九二抚初九、九五承上九，象征同道相亲，同类相信。上下共同以诚信内感三、四于其中，所以卦名为中孚。内外皆实（初九、九二；九五、上九都是阳爻为实）而中虚（六三、六四二阴爻为虚），中虚便是诚信的根本；九二、九五又是中实（以实居上下卦中爻），成为信的性质。只要本质诚信，即使再难感动的物，也得以产生互信的感应。精诚所至，金石为开。中孚卦孚信能够坚正，所以无物不能感动，甚至于豚鱼也不例外，所以说"利贞"。

中孚卦象外实中虚，有如古代把树干中间挖空所制成的独木舟。至诚以涉险，便是乘巽木的空，行于兑泽之上，当然利涉大川。《大学》明白指出："欲修其身者，先正其心；欲正其心者，先诚其意。"把诚意的功夫，安放在正心之前，可见以诚存心是何等重要！《易经》所说一切一切的生，一切一切的成，都必须有乾坤的实德来加以支撑。乾生坤成，乾始坤终，一本无二，所以乾彖说："乾道变化，各正性命。"这里所说的"乾道"，实则含有"坤道"的成分。乾道变化的利贞处，也就是坤道终成的主要依据。"乾知大始，坤作成物"，中间所串联的，正是诚信。中孚卦（䷼）便是坤卦（䷁）的三、四两阴爻，取代乾卦（䷀）彼此互信。

第四章 精诚所至真有大效果?

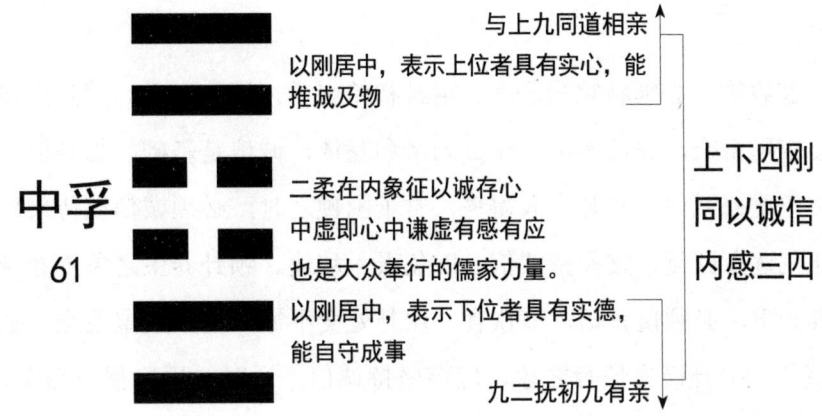

三、中虚的卦尤其重视诚信

　　《易经》六十四卦，具有六三、六四两个阴爻的，一共有十六个，正好占四分之一，比例不算大。其中上经十一卦，分别为坤（☷）、屯（䷂）、蒙（䷃）、师（䷆）、比（䷇）、临（䷒）、观（䷓）、剥（䷖）、复（䷗）、颐（䷚）、坎（䷜）。下经只有五卦，分别为损（䷨）、益（䷩）、涣（䷺）、节（䷻）、中孚（䷼）。由此看来，诚果然是天之道，在人方面有加强的必要。

　　坤卦要厚德载物，必须利牝马之贞。屯卦初始艰难，诚信为重。蒙卦启迪蒙昧，以诚教化。师卦要容民畜众，非信不可。比卦为亲和互依，诚信是基础。临卦健进之象，观卦诚敬之象，莫不重视诚信。剥卦小人得势、君子困顿之时，必须诚信以待来日。复卦回春之象，阳刚正气逐渐回复，宜保持诚信，以免误入歧途。颐卦养生之象，养身、养人、养贤，乃至于养天下，必须慎言语、节饮食。坎卦处变不惊，克服重重险难，必须"有孚"，也就是心怀诚信。损卦谨言慎行之象，应该坚持诚信，适时、适度损下益上，避免过滥。益卦增多受益之象，揭示损上益下时，应当心怀诚信，坚持合理，不可过于损人利己。涣卦要求散而不乱，聚而有序，必须"王假有庙"，祭于宗庙以示聚民的诚心。节卦节操之象，以"苦节不可贞"为原则，不主张过分节制，以免反而不利于正道。把中孚卦和这些同样具有六三、六四的卦，横向地串联在一起，再把各卦的三、四爻辞温习体会，对于以诚存心的必要性和重要性，应该更能深入地了解和贯通，更有助于"诚之道"的实践。

第四章 精诚所至真有大效果？

	上经11										下经5				
	2	3	4	7	8	19	20	23	24	27	29	41	42	59	60	61
	坤	屯	蒙	师	比	临	观	剥	复	颐	坎	损	益	涣	节	中孚
	以诚信践行牝马之贞	以诚信共渡始生之难	以诚信启迪蒙昧	以诚信容民畜众	以诚信亲和互依	以诚信敦厚容众	以诚信自我省察	以诚信面壁思过	以诚信东山再起	以诚信自养养人	以诚信处变不惊	以诚信减少损失	以诚信增多受益	以诚信循理聚散	以诚信合理节制	以诚信立身治事

诚信求合理是不易的原则

-049

四、由象数推知八卦的方位

伏羲氏当年，由于缺乏适当的工具，不方便把最高层次的本体，明白地说出来。实际上当时民智未开，就算明说，大家也不见得会有什么反应，还不如不说。老子看时机成熟，适时提出"道"的假说，促使大家把象背后的本体，拿出来研讨。北宋邵康节透过象数，绘制先天八卦图。先以白代表━，黑代表╌╌，画出八卦数字次序图。由下而上，依"太极生两仪，两仪生四象，四象生八卦"的次序，获得乾一、兑二、离三、震四、巽五、坎六、艮七、坤八的数位次序。邵康节直接从伏羲一画开天的天道思想，依据阳先阴后的自然发生次序，太极分阳分阴，为两仪。阳上交于阳，为太阳；阳上交于阴，为少阴；阴上交于阳，为少阳；阴上交于阴，为太阴，于是生出四象。再由四象向上发展，同样依上交于阳、上交于阴的原则，便成为八卦。这是自然的理则，并不是人为的安排，所以称为"先天卦序"。

然后再依乾为天、坤为地的乾坤定位，乾一坤八分别居于上下的位置。由阴极的坤八生出一阳居初位的震四，上进到二阳的离三和兑二，以至于阳极的乾一。然后阳极生阴，生出一阴在初位的巽五，反退到二阴的坎六与艮七，以至于阴极的坤八。由震四的一阳，左旋而进；由巽的一阴，右旋而反。刚好与《说卦传》所说："顺天而行，是左旋也；逆天而行，是右旋也。天道左旋为顺，地道右旋为逆"，若合符节。先天八卦的数位，乾一、兑二、离三、震四是左旋，而巽五、坎六、艮七、坤八则是右旋。

第四章 精诚所至真有大效果？

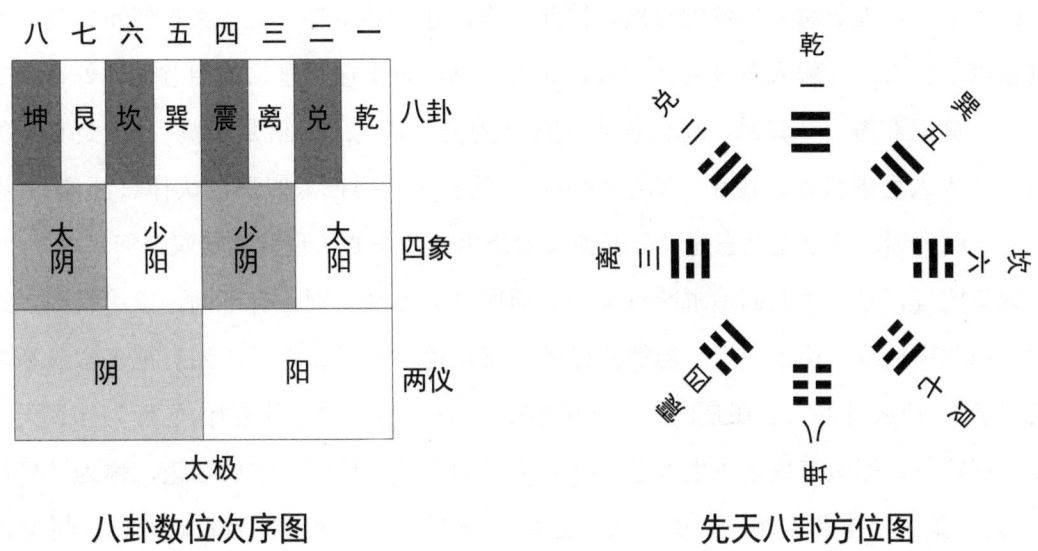

八卦数位次序图　　　　先天八卦方位图

五、诚信观象明理自有所悟

老子由一画开天的象，悟出先天地存在的"道"。邵康节由一画开天的象，悟出八卦的数字，告诉我们"天垂象，圣人则之"，是每一时代都可能发生的事情。自古迄今，即使推延到未来，人类总要仰赖大自然，彼此合作，才能够生存发展。大自然不说话，却经常垂象以示世人。一般人汲汲营营，只顾谋生，哪里看得懂天垂象的用意？幸好在圣贤的指引下，尚能获得一二讯息。现代很多人自以为是，认为"我就是圣贤"。于是真正的圣贤退隐，人人但求自保。往往一知半解的人，反而大声得很，似乎自认什么都懂。"人无信不立"的古训，几乎完全忘光了！即使天老爷再苦口婆心，也只能徒叹奈何！

观象明理，是大家共同追求的目标。然而所用的方法，则各有不同。象中有数，这也是大家都明白的事。由数明理，当然同样是一条坦途。老子和邵子，还有很多学《易》有成的"子"，所秉持的，实在是诚信。老子感叹："吾言甚易知、甚易行。"但为什么天下莫能知，莫能行？邵康节依据生生不息、循环不已的原理，提倡宇宙周期论，称为《皇极经世》。认为整个宇宙和人类，经过一大元之后，便要全归毁灭，然后重新开始，慢慢由气体、液体、固体、星球而生出植物、动物和人类。其主要用意，应该是设法尽力延长时限，但长久以来，却一直被忽视。其主要原因，即在缺乏诚信。以不诚之心，度纯诚之道，当然埋没了很多珍贵的资讯。"畏圣人之言"，看来也是值得重视的一种诚信，亟待恢复！

第四章 精诚所至真有大效果？

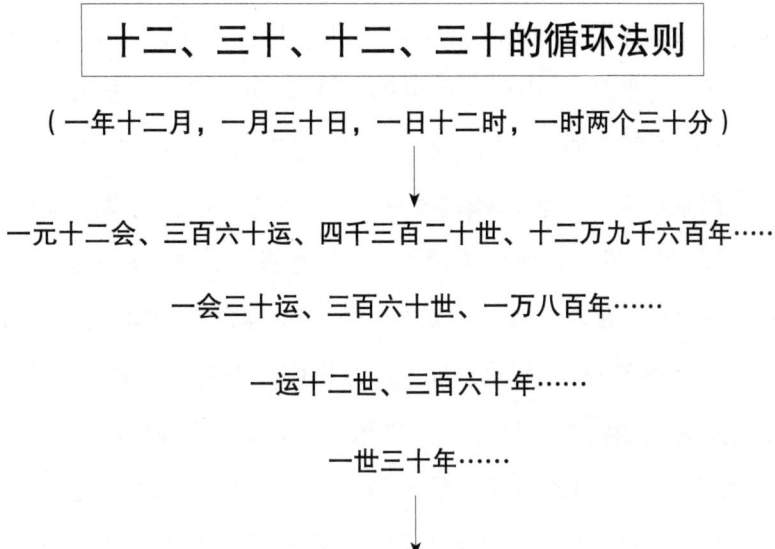

六、由人性扩展到天命之性

孟子重视人性，也谈得很多。但他只谈"人之性"，认为其与"犬之性""牛之性"有所差异。重点在提高人的地位，加重人的责任。孟子提醒大家：人必须与禽兽拉开距离，善尽"参天地之化育"的责任。《中庸》所说的"性"，范围广大，把人类、物类的性，全部包含在内。凡出于自然所命的，都叫"性"。因此开宗明义即指出："天命之谓性。"人有人性，物有物性，都来自天命，也都叫作"性"。人或物，各自遵循本性自然发展，所采取的行动即为"道"，所以说"率性之谓道"。人类由于天命中特别带有创造性和自主性，因此多了一种教化的作用，那就是按照道德的原则来修养自己，叫作修道，所以说"修道之谓教"。"道"介乎"性"与"教"之间，告诉我们：天有天的特性，称为"天之道"。人所需要的教化，成为人的特性，称为"人之道"。"天之道"和"人之道"的沟通媒介，即为"诚"。天代表大自然，属于自然而然的诚。人是物的总代表，透过诚来建立人生的法则，以及人对待天、物的法则。有诚才有道，没有诚就没有道。表现所本有的诚，就叫作"尽性"。由于"诚"是天地万物共同的本体，所以尽人之性即能尽物之性；能尽物之性，便可以"赞天地之化育"，也就是能够"与天地参"了。

现代社会重视环境保护，真正的关键，就在于由人性扩展到天命之性。人禽之辨，应该更加珍视人之所以为人的神圣责任，以诚信对待、保护天地万物，非人类莫能担当，这种难能可贵"与天地参"的效果，必须早日实现！

第四章 精诚所至真有大效果？

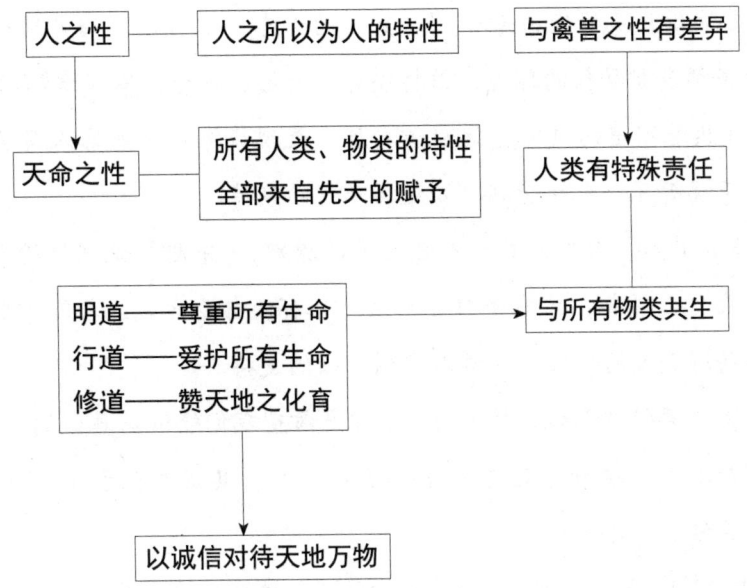

我们的建议

（一）任何学问，都应该由天道入于人道。顺应自然的学问，才是有益无害的。不可以用人智来破坏自然，这才是对自然的诚信。我们不忘本，便应该爱护赖以生存的自然环境。二十一世纪，必须是爱护环境的时代。

（二）对自然诚信，最好秉持老子"自宾"的心态，把自己当作是地球上的宾客。固然宾至如归，也务须爱护居住的环境，维持整齐、清洁、安全，不随意加以改变。

（三）我们既然是宇宙的过客，就应该自律，表现得像良好的客人那样，受到主人的欢迎，即使有一天离开了，也会受到"欢迎再来"的期待。

（四）天生真诚的人，自然而然地符合上天的原则，《中庸》说这样的人是圣人。我们一般人，只有明白什么是善，才能使自己真诚。只有使自己真诚，才能孝敬父母。也只有孝敬父母，才能获得朋友的信任，并进而得到上级的支持。

（五）《中庸》一再强调真诚的巨大作用，便是希望我们能依据真诚的原则来明善修德，光大和弘扬我们应有的伦理道德观念。《易传》的要旨，其实也在于此。《中庸》所说的道理，可以说是《易传》的延伸。

（六）中孚卦（☰）的"利贞"，即是存心纯正，才能以真诚感化他人。有如天不需要言语行动，而万物都能顺着时令而滋生长养。我们接下来便要看看"中孚卦"是怎样说的。

第五章 中孚卦为什么要利贞？

我们常说"精诚所至，金石为开"，
用来解释中孚之道，应该十分贴近。
自己践行好自己的诚信，不必计较他人的反应，
因为日久见人心，经得起时间考验，才见真诚。
立信之先，必须想想是否合理？以免妄信。
信而有实，必然获得呼应，这才合乎天道。
倘若上下不和，很容易造成诚信不易的恶果，
近臣必须避免功高震主，否则对双方都极为不利，
明君自我克制，以坚持诚信获得大家信任，
组织各阶层守分尽责，诚信配合，同心协力。
倘若名不符实，或名过其实，
都不可能是真诚的互信，必招凶祸。

一、立信之初先想合不合理

中孚卦（☲）下兑上巽，卦名中孚，是心怀诚信的意思。卦辞说："中孚，豚鱼吉，利涉大川，利贞。""孚"字由"爪"和"子"合成，为禽类孵卵之象。在《易经》中，"孚"都解释为"信"。然而"中孚"不同于寻常的"信"，九五和九二都以阳实实中，表示诚实于内心。诚实到能够感动豚鱼，当然十分实在。因为"豚"即小猪，"鱼"应该也指小鱼。连小猪、小鱼这些小动物，都能感觉到诚信，可见已无所不至，当然吉祥。"利涉大川"，表示任何地方都能够通达。但是凶邪歪道之处，最好不去，所以说"利贞"，正常贞固，必须坚持诚正才好。

初九爻辞："虞吉，有它不燕。"小象说："初九虞吉，志未变也。"初九在中孚卦，表示立信的开始，必须先看看这样的立信，合不合乎伦理道德的要求？"虞"即忧虑，忧虑什么呢？初九当位，又与六四相应，秉刚明以立信，倘若掉入利害的陷阱，有利则立，有害便不立，请问这样的立信，有何价值？所以依据"潜龙勿用"原则，必须先思虑立信的后果如何？应不应该？"有它"表示有其他想法，不能专心审度立信对象的合理与否。"燕"为安，"不燕"便不安了。为了自己的诚信，反而害了他人，或者为他人所利用，当然不安。初九爻变成涣卦（☲），象征没有把握的立信，颇有风险。必须坚定自己的意志，遵循合理的方式立信践行，合乎"履信思乎顺"的原则，才能吉顺。倘若动机不纯正，是为了其他的原因而立信，那就不安了。换句话说，不正当的立信，必须自己承担立信的后果，当然要事先忧虑，以免惹祸。

第五章 中孚卦为什么要利贞？

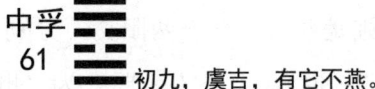初九，虞吉，有它不燕。

> 初九阳刚当位，又与六四相应，象征所信的也得正。孚信的开始，必须谨慎判断是否真的可信。初九依据"潜龙勿用"的主导原则，先思虑立信的后果，务求慎始善终，方见真诚。"虞"即忧虑、考虑，事先具有忧患意识，才能吉顺。"有它"是另有其他想法，譬如先相信，看看对自己有无好处？有才信，没有就不信。"不燕"即是不安，有了这些不正当的念头，迟早会引起不安。初九爻变为涣卦，表示没有把握的诚信，颇有风险。

合理的人事，才能够立信。

-059

二、信而有实自然获得呼应

中孚卦（䷼）彖辞说："中孚，柔在内而刚得中，说而巽，孚乃化邦也。豚鱼吉，信及豚鱼也；利涉大川，乘木舟虚也；中孚以利贞，乃应乎天也。""柔在内"，是指六三、六四两个阴爻，居于全卦的内部。"刚得中"，则是九二、九五两阳爻，分别居于上、下卦的中位，象征中有诚信。下卦为"兑"为"悦"（说），上卦为"巽"为"顺"。柔在内虚怀若谷，令人喜悦。由于孚道的作用在化民成俗，所以刚得合理，才能奏效。"豚鱼"代表基层的民众。连基层民众都能感受到这种至诚，普天之下，当然也就没有感化不了的人了。"木、舟、虚"都是指船，由于合乎天道，坚守贞正，所以畅行无阻。这启示我们：以诚信教化人民，乃是最佳途径。

九二爻辞："鸣鹤在阴，其子和之；我有好爵，吾与尔靡之。"小象说："其子和之，中心愿也。"九二以阳居阴位，处下兑之中，象征心中诚实。但为六三、六四两阴所乘，好比鹤鸣于阴僻的处所。"其子"指初九，由于初居始位，有童稚之象，位置又在九二之下，所以称为"子"。听到九二鸣鹤在阴，初九以和音来祝贺，所以说"其子和之"。九二爻变成益卦（䷩），表示诚象相比，有如鹤鸣子和，并不掺杂任何利害关系，对彼此都有益。这时候下卦为震，形如酒器，因此说"我有好爵"，可以盛好酒与你（初九）共享诚信的快乐。初九为什么要和九二唱和？因为诚信原则十分坚定的初九，发现九二的诚信是由衷而发，于是也自然而然地随心应和。九二和初九的共鸣，都是出自内心的愿望，并无丝毫虚伪或掺杂任何利害关系，这样的诚信最为可贵。

第五章 中孚卦为什么要利贞？

中孚 61 ䷼ 九二，鸣鹤在阴，其子和之；我有好爵，吾与尔靡之。

九二处内卦中位，有中孚的实德。与九五居外卦中位，有中孚的实心，上下相知，同道相交。有如鹤鸣子和，并不掺杂任何利害关系。也可以说九二以阳居阴位，处下兑中爻，象征心中诚实，但为六三、六四所乘，好比鹤鸣于阴僻处所，其子初九以和声来相应。九二爻变即成益卦，表示对母子都有好处，彼此真诚相比。"爵"是有事共担、有酒分享的意思。无论是九二与九五、九五与初九，都可能有"好爵"共同维系的默契。"靡"即维系，所以说"吾与尔靡之"。彼此互信，有鸣有和，乐在其中，显得诚信十分可贵！

真诚的互信，最为珍贵！

三、上下难和造成诚信不易

中孚卦（☱☴）大象说："泽上有风，中孚；君子以议狱缓死。"上巽为风，下兑为泽。泽下巽上，象征泽上有风，风吹泽面，水波起伏，纯出于自然。君子看到这种景象，体念心中诚信，才能认真审议争讼、宽缓执行死刑的道理。因为冤狱令人痛心，而人死不能复生，倘若有些差错，就很难加以挽救。所以入中求出、死中求生，成为司法、执法时最主要的关键。中孚的道理，应该要在这方面妥善应用。

六三爻辞："得敌，或鼓或罢，或泣或歌。"小象说："或鼓或罢，位不当也。"六三以阴居阳位，象征变质而不诚信。与上九相应，表示虽不当位，却有志上行。但是六四阻挡在前，以阴居阴，又以巽顺上承九五，为九五所信任。尽管六三把六四当作阻碍前进的敌人，鸣鼓而攻之，结果还是敌不过六四，表现出狼狈的模样。六三一鼓作气，再鼓而衰，终至狼狈而还，心里又害怕六四会趁势追击，不禁悲泣起来。幸好六四履正守顺，并不计较六三的侵犯，六三这才又兴高采烈地唱起歌来。这种"或泣或歌"的情况，象征六三情绪不稳定，由于自己的不诚信而表现失常，实在是处位不当，以致进退失据，喜怒无常。六三爻变为小畜卦（☰☴），象征六三与上九相应，按照中孚之道，应该内心诚信，不求人知，才能适可而止。然而六三却反其道而行，不但向外炫耀，而且与六四为敌，有如密云不雨，令人失望。中孚卦（☱☴）上九，有虚张声势的倾向，六三不用心判断，因而受到迷惑，造成自己的失态，说来也是一种自作自受。

第五章 中孚卦为什么要利贞？

中孚 61 六三，得敌，或鼓或罢，或泣或歌。

六三不中不正，与上九相应，而上九也不当位。在这种情况下，六三依然有志上行，却遭遇到六四的阻挡。因为六四当位，又以巽顺上承九五，为九五所信任，于是六三便将六四当成阻碍前进的敌人，鸣鼓而攻之，结果却不敌六四，狼狈而逃。六三害怕六四趁势追击，不禁悲泣起来。幸好六四履正守顺，并不计较六三的侵犯，这时六三才又兴高采烈地唱起歌来。六三爻变为小畜，象征六三与上九相应，最好依据中孚之道，内心诚信而不求人知，才能适可而止。而今却反其道而行，令人失望。

上下倘若失和，必然不易建立诚信。

四、近臣必须避免功高震主

《序卦传》说："节而信之，故受之以中孚。"中孚卦（☰）的前一卦为节卦（☱），以"泽上有水"来警示大家，必须趁着湖泊还有水的时节，加强节制用水。以免到了泽无水的时候，才不得不面对困境，弄得道穷力竭。"节"是节制，不论立法节制或是自我约束，都必须以诚信待人，所以节卦后面，紧接着便是中孚卦。节卦是水在泽上，容易漫出，所以需要及时节制。中孚取涣卦（☰）的上卦巽风与节卦（☱）的下卦兑泽，告诉我们：在涣和节的过与不及之间，取得合理的平衡点。既不流散，也不强人所难地苦节，才是合理的诚信，即为中孚。六四爻辞："月几望，马匹亡，无咎。"小象说："马匹亡，绝类上也。"

"望"指十五满月，"几"为接近。"月几望"即将近十五的月，似满未满。《易经》认为物极必反，月满蔽日，臣盛震主，对六四有害。尤其六四当位，与初九相应，又能以柔顺承九五明君，与六三同僚相亲比，象征处近臣要位，得受上下欢迎，或如将满的月，叫九五怎么能放心、安心呢？最好的方式，便是一心顺承九五，拒绝与初九相应。"马"指初九，"匹"即相应、相配，"亡"则是消亡的意思。借着原本相应却有意不接近的表现，使九五明白"功献给九五，劳自己担负"的奉献心意，减少九五的疑惧，自然能够无咎。六四爻变成为履卦（☰），表示尊重礼法，不与初九同僚相应，专心顺上（九五），期能无咎。六四绝对不能说说就算，或者转瞬便忘，必须确实践履，时时保持"花未全开月未圆"的状态，极力避免功高震主或与九五争夺民心，如此才能无咎。

第五章 中孚卦为什么要利贞？

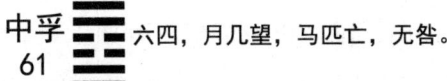六四，月几望，马匹亡，无咎。

> 六四当位，与初九相应，又能以柔顺承九五明君，与六三同僚相亲比，象征处近臣要位，得受上下欢迎，或如将满的月，怎么能够使九五放心呢？最好的方式，便是拒绝与初九相应。"马"指初九，"匹"为配合，"亡"则是消亡的意思。"马匹亡"指原本相应，却有意不与初九接近，表示一心一意顺承九五。以"功献给九五，劳自己承担"的表现，使九五放心，所以自然能够无咎。六四爻变成为履卦，象征尊重礼法，不与初九同僚相应，对九五履行诚信。

近臣最好能功归明主，使君王放心。

五、以诚信结合天下可无咎

人无信不立，诚信是做人处世的必要条件，这是大家都耳熟能详的道理。然而"一阴一阳之谓道"，"中"为内诚，"孚"即外信。世间有以诚取信于人的，便有以诈盗取得信任的。卦辞说："豚鱼吉。"就是明白指出：唯有以诚取信，有如以至诚之心，感动冥顽如石头般的小猪小鱼，这样才叫作中孚。《杂卦传》把"小过"和"中孚"列在一起，说："小过，过也；中孚，信也。"指出"小过"是小有过度，而"中孚"则是心中诚信，含有不能过度的意思。初九爻辞特别标明"虞吉"，"虞"便是测度。先用心考虑诚信的价值，然后审慎抉择合理的度，即为"虞吉"。否则初出茅庐，便样样诚信，最后必然受害甚深，导致对诚信丧失信心，反而容易遭受大环境的影响，变得比其他人更不诚信。

九五爻辞："有孚挛如，无咎。"小象说："有孚挛如，位正当也。""挛如"指手指伸张不开的样子。九五君位，所有目光都集中在他身上，必须时时刻刻永保诚信，好比十根手指头紧握着孚信那样，绝不放松。幸好九五当位，居上巽中爻，能居中得正，以孚众望。但是与九二并不相应，表示九五的诚信，仍未完全获得伸张，有"挛如"的现象。倘若因此而放弃诚信，认为做到这样的地步，依然有人不能全信，备受委屈而沮丧失志，那就不免有咎了。九五爻变即成损卦（䷨），表示九五当位，应该可以惩忿窒欲，自我克制，"有孚挛如"而无咎，所以小象说："位正当也。"下面省略掉的"无咎"，才是重点所在。九五一阳而下率两阴，有如绳索相连而不离，应该可以集中孚于一身，当能无咎。

第五章 中孚卦为什么要利贞？

中孚 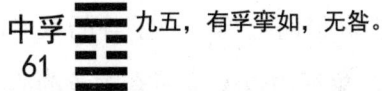 九五，有孚挛如，无咎。
61

> 九五君位，居中得正。"挛如"是手指伸张不开的样子，象征所有的目光，全都集中在九五身上，必须时时刻刻，永保诚信。好比十根手指头紧握着孚信不放松，才能无咎。九五与九二并不相应，表示九五的诚信，仍未完全获得伸张，有"挛如"的情状。九五爻变即成损卦，象征九五当位，应该可以惩忿窒欲，自我克制，"有孚挛如"而无咎。

领导者惩忿窒欲，自我克制以坚持诚信。

六、名过其实的诚信必有凶

　　《易经》的卦名有取象的，如下坎上坎为习坎（䷜），表示重险；有取义的，如下坤为地，上离即明，由于明出地上，取名为晋卦（䷢）；有就上下卦互换位置而取名的，如地天泰（䷊）与天地否（䷋）；也有就上下卦的爻位互换来命名的，如泰卦（䷊）的九三与上六互换，即成损卦（䷨），意思是损下益上，损而有孚。中孚卦的取名，可以说属于取象的，二阴居中，四阳分成两半，行于上下，象征中以安贞而有顺承的心，上下刚健共助中道以行。但是卦名中孚，仍有由于位不当而不孚的爻六三得敌，或鼓或罢，位不当也；上九无位、无时，虽登于天而无所托，当然贞凶。

　　上九爻辞："翰音登于天，贞凶。"小象说："翰音登于天，何可长也？""翰音"指飞鸟的鸣声，"登于天"为上九居九五之上，好比飞鸟的鸣声上达于天。随风高飞，虚而不实。上九位于中孚卦的极高处，象征时已穷，用"翰音登于天"来形容其以无为有，虚诚以求名。倘若坚持不改变，必然有凶祸，所以说"贞凶"。上九爻变为节卦（䷻），表示上九最好自知节制，自反于初爻，然后乘位依时而行，挽回实质的中孚。倘若不知节制，势必难以持久，所以说"何可长也"？上九名过其实，招致凶祸；初九心志纯诚未变，因而吉祥。这是上九必须在真实无妄与虚情假意之间，做出正确的抉择，及早改变自己，才能化凶为吉。诚信是自古以来便为大家所重视的道德规范，不但现代人不能忘记，即使未来，相信只要有人群社会存在的地方，都将是不可或缺的德目。

第五章　中孚卦为什么要利贞？

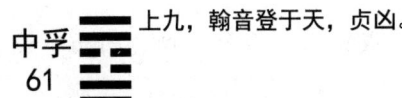
上九，翰音登于天，贞凶。

"翰音"即飞鸟的鸣叫声，"登于天"表示上九居九五之上，好比飞鸟的鸣叫声上达于天，随风高飞，虚而不实。上九位于中孚卦的极高处，象征时已穷，有如"翰音登于天"，以无为有，虚诚以求名。若是坚持不变，必然有凶祸。上九爻变为节卦，表示上九最好自知节制，自反于初爻，然后乘位依时而行，以挽回实质的中孚，如此才能化凶为吉。

名过其实的诚信虚而不实，必有凶祸。

我们的建议

（一）中孚卦（䷼）巽风在兑泽之上，二五刚阳，分居两个中位，象征中心诚信，才能诚于中而孚于外。表里一致，衷心至诚无欺，令人感动，以致无事无物不能感通。

（二）"议狱缓死"并非姑息养奸、败坏社会风气，而是秉持人性共有的真诚，像风那样周历民间，访察隐情，慎重审判，以免造成冤狱。缓免死刑、囚而不诛，用意在以刑狱教人。所以缓死并非废除死刑，而是昭大信于天下。

（三）审慎处置死刑，才是缓死。譬如杀人者死，依法应该判处死刑，但是在判决之前，先在死中求其生。倘若真是罪有应得，即应判以死刑。也就是说，在判决之前，再延缓一些时日，多方分析是否有疏失之处，若是确定无误，当即执行死刑，决不姑息。

（四）中孚卦（䷼）的要旨即为诚信，为什么不直接用诚信为卦名，反而要说中孚呢？因为中孚并不是通常所说的诚信，还必须加上合理作为标准。合理的诚信，才叫作中孚。

（五）中孚卦（䷼）居中的三、四两爻，都是阴虚，表示心中诚信，却没有求人相信的企图。倘若存心要取信于人，难免掺入利害关系，结果往往适得其反，令人难以置信。

（六）中孚（䷼）的错卦是小过（䷽）。若是一味坚持真诚，以致不敢逾越尺度，往往导致自缚手足，但求不做不错，反而难见真诚。下一章，我们就要来看看"小过卦"，以求能够彼此对应而得其中。

第六章 小过卦主要在讲什么？

山上有雷，表示雷在山上震动，声音之大，
超过平常，所以名为小过。

小过（䷽）上下卦交换，即成颐卦（䷚），
表示违乎颐养天下之道，只能小事为之。

小过（䷽）卦象二阳包含在四阴之中，
好比一股热能为阴寒所蒙蔽，而不见光明。

小过（䷽）的形状，有如一只小鸟，
正在学习飞翔，难免会犯一些小错误。

小过（䷽）与中孚（䷼）相错，
象征小过之过，大多失于中孚，才成其过。

不怕小过，能改就好，如此才能突破难关，
若是将犯大过，那就要百般思虑，谨慎为是。

一、盲目飞跃猛进自招凶险

小过卦（䷽）揭示：在小事上若有稍许过度，唯有态度守正谦恭，才能为世人所接受。卦辞说："小过，亨，利贞。可小事，不可大事；飞鸟遗之音，不宜上，宜下，大吉。""小过"是卦名，为什么"亨，利贞"呢？因为质量管理必有其上下限度，只有超过了这个限度的，才会被视为不良品。所有在上下限之内的产品，都是良品。而这些合格的良品，不可能百分之百相同，多少都会有一些差异，称为"小过"。对小事来说，界限或可稍为放宽；但是大事就必须更加严格。犹如飞鸟性喜爱飞翔，若是一直向上飞，到了筋疲力尽时，恐怕想飞回来都很困难，那时候发出的将死的哀鸣，只宜向下，不应该再向上，才是大吉。凡事有稍许差错，必须以飞鸟过高为戒，及早返回以策安全。

初六爻辞："飞鸟以凶。"小象说："飞鸟以凶，不可如何也。"初六以阴柔居于阳刚之位，象征无才却冒充有才。处于下艮的初位，却与上震初爻相应，有如小鸟不知自止，偏要向上高飞。由于不明白"宜下不宜上"的顺逆形势，以致发生哀鸣，当然是凶祸。鸟高飞不下，相当于人愚而好自用。因为利禄诱惑，只要按捺不住，克制不了自己，任何人都有可能盲目向上追求而冲昏了头。原本安居下位的，也受到不正当的激励，逆理上进，因而反吉为凶。这种不知轻重，自招其祸的结果，实在是咎由自取，无可奈何。初六爻变为丰卦（䷶），表示看起来喜乐，实际上却必须忧虑。倘若不明白柔居下位，展翅也难飞的道理，必然会因为自不量力而自招祸害，任何人都挽救不了！

第六章 小过卦主要在讲什么？

初六，飞鸟以凶。

初六不当位，象征以无才冒充有才。处于下艮（止）初位，却与上震（动）初爻相应，表示不知自止，有如小鸟不自量力，偏要向上高飞。由于不明白"宜下不宜上"的顺逆形势，以致发生哀鸣，当然是凶祸。初六爻变成丰卦，象征看起来喜乐，能够向上飞翔，实际上却必须忧虑。倘若不明白柔居下位，展翅也难高飞的道理，那就必然自招凶险了！

盲目飞跃以求猛进，十分凶险。

二、降格守分应该可以无咎

小过卦（䷽）象辞说："小过，小者过而亨也。过以利贞，与时行也。柔得中，是以小事吉也，刚失位而不中，是以不可大事也；有飞鸟之象焉，飞鸟遗之音，不宜上，宜下，大吉，上逆而下顺也。""小过"意指小有过度，在小事上由于情况特殊而稍有过分，仍可亨通，但是限定在特定的时机才能施行。六五、六二阴柔居中，表示在小事方面才能吉祥；九三、九四不正也不中，象征不可施行于大事。全卦阳内阴外，有如飞鸟的样子，鸣叫声那么微弱，警示已经飞得太高，十分危险，此时不宜再向上了，必须赶快下降以求安栖，如此才是良策。因为过于向上即为违逆，向下安栖才能顺利。

六二爻辞："过其祖，遇其妣，不及其君，遇其臣，无咎。"小象说："不及其君，臣不可过也。""祖"是祖父，指九四。"过其祖"即为超过其祖父，由于六二居中得正，有"不习无不利"的秉性，所以尊重九三如父、九四如祖。与六五同为柔道，也尊重如妣，也就是祖母。六五位居九三、九四两阳之上，六二必须超过祖父，才能与六五之君相遇。自知君为大位，不宜再行超越，于是适可而止，保持六五为君、六二为臣的礼制，必无祸害。既然自知是臣，就不应该超越君位，这是六二稍过而适中的优良表现，所以无咎。六二爻变为恒卦（䷟），表示六二柔顺，能恒久地心甘情愿居于六五之下，只能超越九三、九四两阳，却尊重六五如祖母，不逾越君臣之礼，相当于六五得遇良臣，当然是好现象。原本六二与六五并不相应，由于能适可而止，也就无咎了。

第六章 小过卦主要在讲什么？

小过 62 ䷽ 六二，过其祖，遇其妣，不及其君，遇其臣，无咎。

"祖"是祖父，指九四；"妣"是祖母，指六五。六二当位，居中得正，具有"不习无不利"的秉性，所以尊重九三如父、九四如祖、六五如祖母。六五君位，居九三、九四之上。六二要与六五相遇，必须超越九三、九四，所以说"过其祖，遇其妣"。六三与六五相遇，自知君为大位，不宜再行超越，于是适可而止，不逾越君臣之礼，使六五有知遇良臣的好感，因此无咎。六二爻变为恒卦，表示六二柔顺，能恒久心甘情愿地居于六五之下，所以无咎。

适时降格守分，应该可以自保无咎。

-075

三、恃强随和不知戒备凶险

小过卦（䷽）大象说："山上有雷，小过；君子以行过乎恭，丧过乎哀，用过乎俭。"上震为雷，下艮为山，象征山上有雷。我们平常所听到的雷声，大多是在地下或空中。山上的雷声，似乎有一些过分，所以取名为"小过"。平常听不到这样的雷声，有大过于正常的感觉。雷动于上而山止于下，表示止于内而动于外，止难以制动，不免小有过度。君子看到这种自然景象，警觉民俗朴素，君子待人就要更加谦恭；人情淡薄，临丧不哀，君子居丧时更为悲伤哀戚；世风奢侈浪费，君子更是粗茶淡饭，过着更加俭省的日子。用这种矫枉过正的态度，配合时宜的方式，来改变大众的过失，使大众能够取法乎上，而得乎中。

九三爻辞："弗过防之，从或戕之，凶。"小象说："从或戕之，凶如何也？"九三当位，居下艮究位，为艮止主爻。上六以小人处小过卦的极位，与九三相应。九三理应加以防止，以免受害，却由于自恃强盛，警觉性不高，竟然与上六相应。"弗"为不能，"过防"是稍为过度地小心防备。"从"即随着，"戕"即杀害。九三对上六不能稍为过度地提防，紧随着遭受伤害，实在是凶由自招。所以小象感叹地说：又有什么办法呢？九三爻变即为豫卦（䷏），表示"从或戕之"，"或"字有可能的意思，象征九三有止过的责任，却不能预先做好准备，及时加以防止，反而随声附和，以致因盲从而有凶险。倘若不要如此逞强，随随便便附和上六，自然就会明白自己是艮止主爻，及时加以自制，适可而止，便不致遭受戕害了。

第六章 小过卦主要在讲什么？

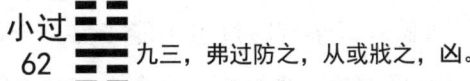

小过 62 九三，弗过防之，从或戕之，凶。

> 九三当位，为下艮主爻，与上六相应。由于上六以小人处小过的极位，九三必须加以提防，以免受害。然而九三自恃强盛，警觉性不高，竟然不知加以提防。"弗"为不能，"过防"即稍为过度地小心防备。"从"是随着，"戕"即杀害。九三不能稍为过度地防患，紧随着便遭遇凶祸，遭受伤害。九三爻变成豫卦，象征"从或戕之"——原本有止过的责任，却不能及时自制，以致盲从而使自己陷入险境。

自恃强盛盲目随和，不知戒备自招凶险。

四、一味刚强用事终不可长

《序卦传》说："有其信者必行之，故受之以小过。"小过卦（☷☳）的前一卦为中孚卦（☴☱），讲的是诚信。心存诚信，必然果决地实践自己的意志。由于放手去做，反而难免稍有过度，所以接下来便是小过卦（☷☳）。倘若连小有超过也不能接受，一切都必须合乎预定的标准，不许逾越，那就容易造成"多做多错，少做少错，不做不错"的偏差心态，更加得不偿失。标准定得太死，难以施行。定得太宽，又等于没有标准。因此需要不一样的弹性，最好斟酌事情的性质，小事弹性不妨大一些，大事反而不宜太大，所以卦辞才指出："可小事，不可大事。"影响的程度不同，所以弹性的大小有异。九四爻辞："无咎，弗过遇之，往厉必戒，勿用，永贞。"小象说："弗过遇之，位不当也；往厉必戒，终不可长也。"九四以阳刚处阴柔之位，又在上震的始位，象征才德足以防止过犯。但是顾虑自己人微言轻，以致不敢越位有所作为。这种不为过刚的作风，遇到初六的"飞鸟以凶"，刚好由于九四的不过分而得以无咎。九四原本与初六相应，倘若不知自制，随着初六愚而自用，那就有咎了。"弗过"的意思，就是不越位而有所作为，与初六相应，所以说"遇之"。"往厉"指越位行事，必然有危险。"必戒"即以越位为警戒，"勿用"是有才德也不可行。"永贞"说明九四居位不当，倘若越位而为，终归不可能长久无咎。九四爻变为谦卦（☷☶），表示在这种情况下，唯有保持谦虚、礼让的态度，高度警惕，以"弗过遇之""往厉必戒"来自勉，才能无咎。

第六章 小过卦主要在讲什么？

小过 62 九四，无咎，弗过遇之，往厉必戒，勿用，永贞。

> 九四以阳刚处阴柔之位，又在上震的开始，象征才德足以防止过犯，然而却顾虑自己人微言轻，以致不敢越位有所作为。与初六"飞鸟以凶"相应，表示彼此正好互补，所以无咎。倘若九四不知自制，随着初六愚而自用，那就有咎了。"弗过"指不越位，与初六遇合。"往厉"即越位行事必有危险，最好自行警戒。"永贞"说明九四不当位以勿用为宜。九四爻变为谦卦，表示保持谦虚、礼让的态度，高度警惕，才能无咎。

刚强用事，不顾虑实际情况必有危厉。

五、上下隔绝时要发挥爱心

把小过（☷）和大过（☱）相比，前者二阳四阴，阳为大，阴为小，阴爻多于阳爻，所以称为"小过"，意思是"小过于大"；后者刚好相反，四阳二阴，因而"大过于小"，称为"大过"。"小过"是打击的声音大得过度，对于人事的伤害并不大；"大过"是泽灭木，泽水将木淹灭掉，影响太大，所以称为"大过"。大过不犯，小过不断，对一般人来说，是正常情况。对非常人物而言，则是小过不犯，要犯就犯大过。日常小事，就算稍有过失，也容易纠正。倘若国家大事，那是不容许有小差错的。所以犯大过的人，连小事都不能犯；实际上犯小差错的人，往往是不够资格犯大过的。

六五爻辞："密云不雨，自我西郊；公弋取彼在穴。"小象说："密云不雨，已上也。"六五阴居阳位，违反"宜下不宜上"的小过之道，处所有阳爻之上，与六二也不相应。阴不遇阳，不能成雨，所以"密云不雨"。就像云气从西郊外涌来，"我"指六五，为小过卦主，由于震动于上，而艮止于下，象征阳气不能上升。也就是六五、上六阴气密集，而九四、九三阳气止于下而难以上升，以致密云不能化为雨而下降。"已上也"即六五已经超越阳刚而高居在上，所以来自西郊外的云气也只好密云不雨。六五高取君位，却才不当位，因此称他为"公"。"弋"即猎射，当以天空的飞鸟为对象，可是六五射不着，反而去穴洞里捕兽，实在是昏君在位，世道昏乱。六五爻变为咸卦（☶），表示六五最好自知小有过度，多发挥不具利害的爱心来感动人民，反而能够普受欢迎。

第六章 小过卦主要在讲什么？

小过 62 六五，密云不雨，自我西郊，公弋取彼在穴。

六五阴居阳位，违反"宜下不宜上"的小过之道，处所有阳爻之上，与六二并不相应。阴不遇阳，不能成雨，所以只能"密云不雨"。就像云气从西郊外涌来，"我"指六五，为小过卦主，由于震动于上，而艮止于下，以致阳气不能上升。虽然六五、上六阴气密集，但是九四、九三阳气止于下而难以上升，所以密云不能化为雨而下降。六五高居君位，却才不当位，只能称之为"公"。"弋"为猎射，原本当以天空的飞鸟为对象，可是六五射不着，反而去穴洞里捕兽，实在是昏君在位，世道昏乱。六五爻变为咸卦，象征六五最好能以真诚的心来感动人民，反而能够普受欢迎。

上下沟通不良时，最好发挥爱心，真诚感化。

六、过于好高骛远必有凶祸

小过卦（䷽）的卦形有如小鸟，中间两阳爻好比小鸟的身体，上下各有两个阴爻，好像小鸟展开的双翼。象辞说有"飞鸟之象"，初六爻辞也指出"飞鸟以凶"。因为小鸟飞行，由上而下为顺势，反过来由下向上则为逆势。凡事顺势往往轻而易举，逆势则象征失去权位而无能为力。柔小者只能小有过度，万不能所过太甚，好高骛远，以致疏忽于小过的改正，而铸成来日的大过。由于小过（䷽）的中互卦即为大过（䷛），所以小过必须及早发现，尽快补救，以免养成坏习惯，积重难返，造成不堪设想的后果。对小过的合理心态，应该是容许它的存在，但是必须知过即改。上六爻辞："弗遇过之，飞鸟离之，凶。是谓灾眚。"小象说："弗遇过之，已亢也。"飞鸟"宜下不宜上"，上六处小过的最上，象征高飞不下，发出哀鸣。任何人只要虚名过高，就像是上六虽与九三相应，却已超过九三甚远，阴阳难以遇合，那就是"弗遇过之"。"离"在这里，并不是指离开，而是罹难。飞鸟飞得太高，离开了鸟群，孤立无援，罹难的可能性也会大幅提高。"灾"指天灾，"眚"为人祸。无论天灾人祸，都有可能使高亢的飞鸟遭遇凶险。"弗遇过之"，在九四爻也出现过，为什么无咎？因为九四在动之初，尚能劝止；而上六处于动之极，其过失已经造成，难以挽回，所以凶。上六爻变成为旅卦（䷷），表示飞鸟固然可以任意飞翔，但是快乐高飞的状态毕竟无法长久维持。作短期旅行当然很好，一旦长期飞行，天灾人祸难测，必然有凶。

第六章 小过卦主要在讲什么？

小过 ䷽
62

上六，弗遇过之，飞鸟离之，凶。是谓灾眚。

上六处小过的最上位，象征小鸟不自量力，高飞不下，以致发出哀鸣。虽与九三相应，却由于距离甚远，阴阳难以遇合，所以爻辞特别提出"弗遇过之"的警戒，以免飞鸟离群太远，不但孤立无援，更是大幅增加罹难的危险性。九四爻"弗遇过之"，是由于在动之初，尚可无咎；但上六爻"弗遇过之"，因为处于动之极，其过失已经造成，所以凶险。"灾"指天灾，"眚"为人祸。无论天灾人祸，都有可能使高亢的飞鸟遭遇凶险。上六爻变成为旅卦，象征长期飞行，天灾人祸难测。

倘若过分好高骛远，追求虚名，必有凶祸。

我们的建议

（一）小过不专指小有过度，稍有不及也包含在内。过与不及都称为小过，两者之间如何权衡取舍，和现代的质量管理有异曲同工之妙，可用心加以体会。

（二）小过的特性为"柔过中"，要旨在矫正过与不及，使之能够复归于中。初六与上六，只上不下，过中又不能矫正，因此爻辞皆为凶。六二无咎，是因为经过矫正后复归于中。六五如能自动向下，也有可能反归于中。但是离中道愈远，就愈难矫正。

（三）小过卦二阳，九三过分刚强而不中，以致凶不可测。九四不同于九三，不敢冒险越位行事，所以无咎。可见具有同样的阳刚性质，但由于时位不同，仍然应该做出不一样的调整。

（四）小事以遵循常规惯例为宜，不必处处求变，样样求新，以免浪费人力与物力。大事应观察形势，及时应变。小过（☳☶）卦形如小鸟，止则安，动即凶，所以只可小事，不可大事。稍有过度时，应秉持"宜下不宜上"的原则，保持谦恭、谨慎、务实的态度。

（五）小过的意思，是人的言行举止，稍微有一些过失。山上有雷，雷声由近而远，由下而上，打到山上的时候，已近末尾，并无惊天动地的声势，因此很容易被忽略，以致一次又一次，最后累积成为恶习，必须趁早省悟才好。

（六）大过叫作"罪"，其次便是"眚"，小的称为"过"。小过有时是求善过当，于是演变成好心做坏事，反而造成弊害。知者过之，愚者不及，必须各自改正，力求合理。

第七章 中孚小过为什么互错？

明朝易学家来知德，提出"错卦"的观念，
认为不知错卦之妙，无以明象，更难以究理。
早在三国时代，虞翻就有了"旁通"的说法，
"旁通"和"错卦"，都是阴阳完全相反的两个卦。
阴阳相反，并不一定要矛盾、对立，
倘若能够互相涵摄，双方面兼顾并重，更为妥当。
中孚和小过，全卦互错，上下卦也互错，
细分起来，两卦的六爻也都逐一相错。
中孚难免小过，否则不足以表示诚信，
小过居于中孚，才不致造成大过，祸患无穷。
中孚、小过合在一起看，相辅相成，
彼此相通而不互相排斥，才能长保中孚。

一、学易者必须知错卦之妙

明朝来知德隐居深山，达二十九年之久，所著《周易集注》，将汉象宋理的精华融会贯通，以道义配祸福，彰显出易学的要旨。他从复卦（☷☳）和姤卦（☰☴）的互错，悟出阴阳变化，由微而着、由内而外，符合自然消息的规律，于是创作"来知德两仪图"，并加以说明："白者阳仪也，黑者阴仪也。黑白二路者，阳极生阴，阴极生阳。其气机未尝息也，即太极也，非中间一圈乃太极之本体也。"主要在表示宇宙间两两相对的事物，无非是一定之数。他用白色代表阳仪，黑色代表阴仪。"理"主宰了"阳极生阴、阴极成阳"的变化，而"气"则能鼓动流行，使变化循环往复，永不停息。"理"是变化的道，"气"则是万物生长的机。虽然勉强分之为三，实际上却是浑浑沦沦于一太极之中。来知德使用居中的黑白线，代替古太极图的黑白点，便是"阳方盛而阴已生"的意思。他得意地说："做大丈夫，把万古看作昼夜，此襟怀就海阔天高，只想做圣贤出世，而功名富贵即以尘埃视之矣！"因为一年的气象，春作夏长，秋收冬藏。放大来看历史，自盘古至尧舜，风俗人事，以渐而长，盖春作夏长也；自尧舜以后，风俗人事，以渐而消，盖秋收冬藏也。他用人生来譬喻，盘古至尧舜，如初生时到四十岁；自尧舜以后，如四十岁到百年。大混沌中有小混沌，都离不开河图的数，也就是由微而著，由内而外，循环不绝。《说卦传》说八卦相错，重而为六十四卦，也都是两两相错。因此来知德主张：学《易》者必知错卦之妙，才得以明象究理！

第七章 中孚小过为什么互错?

来知德太极两仪图

白色代表阳仪,黑色代表阴仪。
阳极生阴,阴极生阳,气机永不止息。

二、错卦就是旁通卦的别名

早在来知德之前，三国时代著名经学家虞翻，便已提出"旁通"的说法。他依据乾卦《文言传》所说："大哉乾乎！刚健中正，纯粹精也；六爻发挥，旁通情也。"悟出伟大充沛的阳刚之气，刚劲强健，持中守正，具有纯粹不杂的德性。借着乾卦六爻，发生变动，广泛地通达于各种情势。虞翻于是在这样的基础上，创立了"旁通"的说法，把两个阴阳完全相反的卦，称为"旁通卦"，互为旁通的关系。这样的两个卦，双方互为旁通卦。他认为"一阴一阳之谓道"，表示阴阳并非单独存在，所以《说卦传》说："天地定位，山泽通气，雷风相薄，水火不相射，八卦相错。"乾坤定位合德，用以生六子，也就是"艮、兑、震、巽、坎、离"。这六子之间：山泽异体，同气相求而气通，彼此往来不可分；雷风同声相应而互相搏击，以鼓动万物，彼此合而为一；水火相克，实际上却相通而不互相射害，两者相资相济以为用，彼此凝而为一。八卦刚好是一阴一阳相错的四双旁通卦，象征有阴必有阳，有正必有反。阳有阳根，阴有阴根，两者同时同处并存，不过一显一隐。借由"阴极生阳，阳极生阴"相辅相成的正反交替作用，使万物得以循环不已，生生不息。他进一步指出：旁通卦的对待关系，并不是一种截然互斥、不可并立的，而是一种相互涵摄、彼此联通的关系。旁通卦一卦之阴爻，含着另一卦同位上的阳爻；一卦之阳爻，同样含有另一卦同位上的阴爻。一显一隐，也就是一飞一伏。只是旁通卦更重视互相涵摄的功能，使两卦产生更多紧密的关系。

第七章 中孚小过为什么互错?

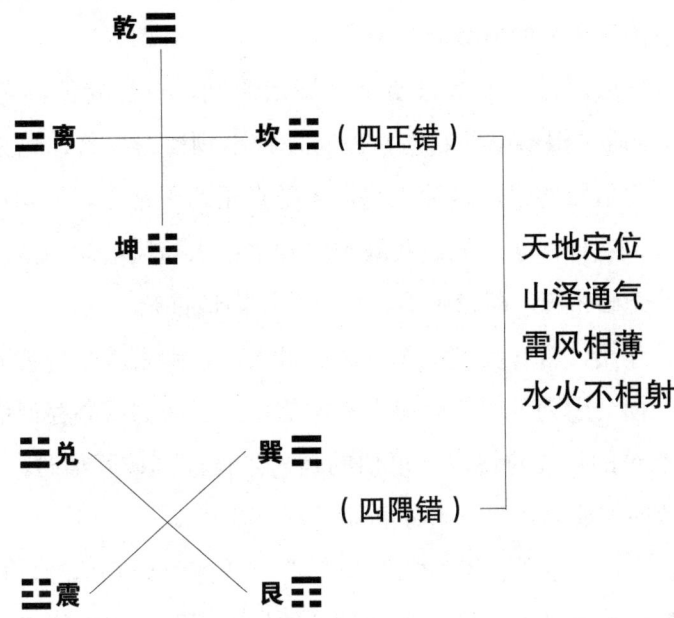

三、中孚小过大象离坎互错

中孚卦（☲）的大象为离（☲），而小过卦（☵）的大象是坎（☵）。《说卦传》说"离为雉"，所以中孚卦九二爻辞是用"鹤"来作为象征；"坎为云"，所以小过卦六五爻辞是用"密云不雨"，来描述满天乌云的情境。

"离"有分离的作用，待人处世只要秉持诚信原则，自然就能离苦得乐。"离中虚"（☲）启示我们：心中时常保持空的状态，没有任何事物值得执着，也没有任何事物值得贪恋，更没有任何事物值得怨恨。这种心境，才是真正的平常心。换句话说，没有存心的信，才是出自真诚。风吹拂泽面，无心吹皱一池春水；水随风漾起一池涟漪，也无心配合风的行动。彼此真诚无心相应，即为中孚，毫无狡诈虚情掺杂于其间。

坎有陷险的警惕作用，告诉我们：无真诚而求人信，别人就会伪装诚信加以欺骗。不能以诚信感应诚信，便会因为不诚信而招来不诚信。警示我们：心存诚信往往过分相信自己的意志，这便是小过的可能险境。更可怕的是，当彼此真诚互信时，大家都十分顺利，以致得意忘形而导致胡作非为，那就十分危险了！

《道德经》第五十八章说："福兮，祸之所伏。"当大家真诚互信时，总有不诚信的因素隐藏其中，提醒我们中孚的基本原则，永远是必须先审度践信的价值，以免增加不必要的风险，甚至于使自己对诚信丧失信心。

离为明，坎为险。我们要明白：不妥当的信，存在着很大的风险性。孔子说"贞而不谅"，就是在启示我们：宁可守正而不宜轻信。唯有如此，才可能确保大家对中孚的信心，从而减少风险的产生。

第七章 中孚小过为什么互错？

中孚大象　（互错）　小过大象

离　　　　　　　坎

分离：
待人诚信
自然离苦得乐

坎险：
无诚信而求人信
必然遭受欺骗

四、中孚小过下卦泽山互错

把中孚卦（☱）和小过卦（☶）的两个下卦比较一下，就会发现泽（☱）、山（☶）也是互错。"山泽通气"，可见两个下卦，彼此有互通的地方，值得我们深入研究，以免有所失误。

泽的卦象是☱，一阴爻在二阳爻之上，象征储水的湖泽。若能以诚信相对待，彼此的心中，都会充满喜悦，就好像湖泽储存了可供饮用的水，大家都可以取用，不致引起争执。山的卦象是☶，一阳爻在二阴爻之上，象征停止、节制。大家认为湖泽储水丰沛，足以供应所需，难免就会多用一些，结果却产生了缺水的风险。就各个家庭来说，不过是稍有过分；对整体社会而言，就不得不限制用水。此举不但徒增大家的困扰，甚至还会引发争夺的状况。

从自然景象来观察，山上有许多树木，储存清澈的泉水，不但提供大家饮用好水，而且还可以吸收新鲜空气，当然令人喜悦。但是，如果人们不能自觉自律、自动自发地限制用量，恐怕后果就是树木遭到砍伐、空气受到污染、水质有所变劣……即使看似变化不大，只是小过而已，但是大家就会难以喜悦了。

止，应该要有一个限度。若是过分节制，大家就会苦不堪言；但是过分宽松，又将遭受其害。所以最好抱持"中孚"的修养，大家将心比心，设身处地，节约俭用，共同以真诚的心态来爱护环境，如此一来，找到了喜悦和限制的平衡点，就会自然而然达到合理的地步。可见"山泽通气"，诚信地共同制定规律，确实遵守，是非常重要的关键。即使山泽互错，也能够彼此互相涵摄，象征中孚难免小过，但若是小过即止，能够及时返回中孚，也就用不着后悔、怀恨了。

第七章 中孚小过为什么互错？

中孚卦下兑上巽	（互错）	小过卦下艮上震
下卦为兑 ☱		下卦为艮 ☶

| 空气新鲜
水质良好
大家都会十分喜悦
然而若是过分滥用
就必须严格加以制止 | （彼此含摄） | 山上有许多树木
储存清澈的泉水
倘若不过分滥用
人人皆可呼吸新鲜空气
饮用优质好水 |

五、中孚小过上卦风雷相薄

将中孚卦（☴）和小过卦（☳）的两个上卦对照观看，就不难发现风（☴）、雷（☳）也是互错。《说卦传》指出："雷风相薄"，彼此互相迫近，也有所应合，正如益卦（䷩）所说："风雷，益，君子以见善则迁，有过则改"。

小过卦（䷽）提醒我们：必须勇于做人做事，宁可冒犯小过，也不应该退缩规避。但是卦辞特别提出警告："可小事，不可大事。"因为小小的过失，很容易补救，只要不再犯，便是十分可贵的经验。现代人称之为"缴学费"，意思是修习了某些课程，可以避免日后的错误。我们可以把小过看作是善的基础，但是大过就不能这样想了。小过（䷽）的上卦是雷，台风来的时候，倘若打雷，很快就会过去了，不致造成太大的灾害。君子矫正曾经的陋习、风气，有时候表现得矫枉过正，稍有一些过分，其实并不为过。这种小过反而是值得鼓励的，因为能带来"雷风相薄"的亨通效果。

中孚卦（䷼）提示大家：立诚于中，无心求人信，才见精诚。这种内诚外信的风气，必须由自己做起，先以诚信待人，才能感应到他人也以诚信待我。虽然利贞，却难免蒙受被欺骗的损失，倘若因为害怕损失，便不敢或不愿意以诚信待人，基本上就已经丧失了中孚的心态。所以由小信做起，逐渐达到大信的境界，应该是风和雷的最佳配合。小小的诚信，即使遭遇意外，也不致造成大伤害，自己还能够承担。如果一下子便大大地诚信，万一遇到狡诈的骗子，使自己蒙受巨大的损失，日后便可能因此彻底丧失对中孚的信心，那就是大过了！

第七章 中孚小过为什么互错？

中孚卦下兑上巽　　（互错）　　小过卦下艮上震
上卦为巽 ☴　　　　　　　　　上卦为震 ☳

立诚于中，
无心求人信。
内诚外信的风气，
必须由自己做起，
令人深受感动，
才能如雷那般，
矫正不良陋习。

（彼此含摄）

为了勇于做人做事，
有时难免犯小过，
由于很容易补救，
所以不必害怕。
优良的风气，
便是由少数人勇敢尝试，
才逐渐累积形成的。

六、中孚小过六爻相对涵摄

中孚初九爻辞："虞吉，有它不燕。"立信时必须先确定是否合乎道德原则，然后才专心一意地加以实践。小过初六爻辞："飞鸟以凶。"飞鸟倘若不知"宜下不宜上"的顺逆形势，必将发生力竭哀鸣的凶祸。两爻一显一隐，互相涵摄，必须兼顾。

中孚九二爻辞："鸣鹤在阴，其子和之。"不掺杂丝毫利害关系，完全出自内心的自愿。小过六二："过其祖，遇其妣。"稍有所过而不过甚。两爻一阳一阴，彼此互相涵摄。

中孚六三："得敌，或鼓或罢，或泣或歌，位不当也。"小过九三："弗过防之，从或戕之，凶。"对于不诚信的人，不得不稍为过度地严加防备，以免身受其害而哭笑不得。

中孚六四："月几望，马匹亡，无咎。"为了专心承顺九五君王，必须断绝与初九的密切往来。小过九四："无咎，弗过遇之，往厉必戒，勿用，永贞。"不敢越位有所作为反得无咎。两爻共同以越位行事为戒，最后互相参照而得宜。

中孚九五："有孚挛如，无咎，位正当也。"君王坚持中孚而不懈，才能无咎。小过六五："密云不雨，自我西郊，公弋取彼在穴。"才不当位的昏君，上下隔绝，好比密云不雨，即使诚信，恐怕也不能成大事，令人感叹！中孚上九："翰音登于天，贞凶"，虚名不可能长久。小过上六："弗遇过之，飞鸟离之，凶，是谓灾眚。"所过太多，高亢必致凶祸。两爻合起来看，果然是彼此涵摄。

由上可见，两卦相错未必完全对立，采取互相涵摄的观点，可以互补。彼此提醒、兼顾并重，更加合乎"一阴一阳之谓道"的原则。

第七章 中孚小过为什么互错?

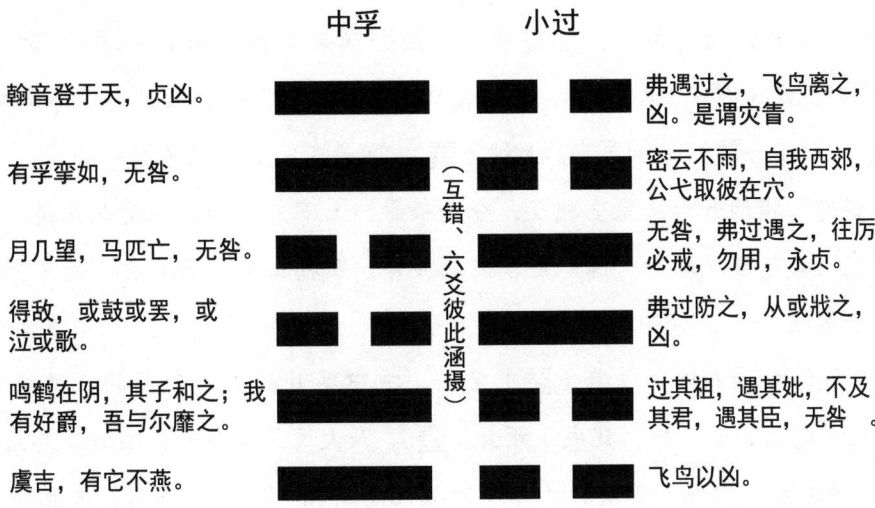

我们的建议

（一）乾卦六爻，发挥变动旁通于坤卦；坤来入乾，以成六十四卦。所以乾卦《文言》说："六爻发挥，旁通情也"。旁通卦又叫作错卦，两卦六爻各自阴阳相反。有隐有显，有阴有阳。彼此互相涵摄，合在一起看更加妥当。

（二）六十四卦，两两相对，非覆即变。两卦颠来倒去，如屯（䷂）、蒙（䷃）、需（䷄）、讼（䷅）、师（䷆）、比（䷇），即为覆，称为"综卦"；翻来覆去，都是同一个卦，如中孚（䷼）、小过（䷽）、颐（䷚）、大过（䷛），即为变，反复只是同一卦。

（三）"错卦"指两卦六爻完全相反，分开来看，上下卦互错，六爻也互错。依据"一阴一阳之谓道"的原理，两卦一隐一现，彼此共存，互相涵摄，不必看成是完全对立，如此将更为合乎易理。

（四）中孚卦（䷼）与小过卦（䷽）互错，把中孚卦的上下卦交换，便成为大过卦（䷛）。将小过卦的上下卦交换，就成了颐卦（䷚）。而大过卦和颐卦，刚好又是互错。

（五）从错综复杂的观点来看，六十四卦彼此息息相关，互有关联，并且牵一发而动全身，一爻变全卦就变。天下事物变化多端，正如同卦的错综复杂，也彰显出卦的真实性。

（六）看完中孚卦、小过卦，接下来要看颐卦和大过卦，最后我们还要把这四个卦合在一起看。至于是不是能有更深一层的领悟，完全取决于我们自己的广度、深度和高度。看来，这又是另一种自作自受。

第八章 颐卦六爻说了些什么？

颐卦雷下艮上，象征山下有雷，
阳出山下，与复卦的阳出地中相类似。
初上两爻皆阳，四阴爻居其中，
象征中虚能纳，可以颐养天年。
下动上止，表示守正而不偏失，
除自养外，尚需养人，时效十分重要。
由养己体会出一条民生大道，
大公无私，不违天性，福国利民。
养民、养士、养老，俱皆养正，
养口体不如养心志，人人皆以修身为本。
颐养之道，要旨为养正则吉，
慎言语，节饮食，凡事都要适可而止。

一、初九观我朵颐不足贵也

颐卦（☲☷）是上经第二十七卦，前有大畜卦（☰☶），后为大过卦（☱☴）。《序卦传》说："物畜然后可养，故受之以颐。颐者养也，不养则不可动，故受之以大过。"有了大畜的积聚充实，才有条件讲究优游涵养。颐养的重点，不但在口腹，而且重视德性。无论物质或精神方面，都必须先蓄积，然后才能够培养，使其滋长。所以大畜卦之后，才是颐卦。若是身体缺乏营养，就不能行动；品德没有涵养，便不足以担当大事，可以说"不养则不可动"，因此颐卦之后，继之以大过。

《杂卦传》指出："大畜，时也。""颐，养正也。大过，颠也。"大畜卦讲求畜聚的时宜，颐卦阐明颐养的正道，而大过卦则警示大有所过，很可能造成颠覆的危机，必须预先防患。

颐卦（☲☷）下震上艮，象征下动上止。初九爻辞说："舍尔灵龟，观我朵颐，凶。"小象说："观我朵颐，亦不足贵也。"颐卦二阳四阴，初九和上九两阳爻，都是有食物可吃，能供养自己。六二、六三、六四、六五四阴爻，皆是可食的物，仅能养他人，却不能养自己。初九当位，像灵龟一样，知道养生的正道，既能养自己，又能节制饮食，这样不是很好吗？初九与六四相应，站在六四的立场，初九便是"尔"，也就是"你"。"舍"即舍弃，舍弃你的灵龟，反而观看我（上九）在大快朵颐。上九并没有错，初九看到嘴馋，这才是自取其咎，当然凶了！初九为下震的主爻，贪于口体，以致有正道而不能守，显得贵而不足贵，所以说"亦不足贵也"。初九以阳刚而求养于六四之阴柔，当然不值得看重。

第八章 颐卦六爻说了些什么？

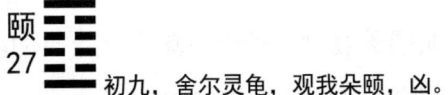

初九，舍尔灵龟，观我朵颐，凶。

初九以阳居阳位，有如灵龟那样，深明养生的大道，既能养自己，又能节制饮食。与六四相应，站在六四的立场，初九便成为"尔"，也就是"你"的意思。"舍"即舍弃，初九舍弃原有的灵龟，反而注目凝视上九（我）在大快朵颐，显得知正却不能守，自己能养却求养于人。即使能够分食上九的一部分，也不足为贵，所以有凶祸。初九爻变为剥卦，表示初九必须将思维上的障碍剥除，恢复原有的灵龟智慧，慢食而长寿，才能免于凶祸。

不可因贪婪嘴馋，而舍弃了养生的正道。

二、六二征凶供养不得其正

颐卦（䷚）卦辞说："颐，贞吉。观颐，自求口实。""颐"是卦名，"贞吉"的意思，是守持贞正可以获得吉祥。我们吃东西的时候，上颚不动，下面的腮托着牙床，一上一下，造成嘴巴的上下牙床一关一开，不停咀嚼着食物。颐卦下震上艮，震为动，艮即止，象征下动上止，完全符合咀嚼食物的实际状况。"口实"指口中所需要的食物，扩大为生存所需求的养分。"养"有"养人"和"养己"两方面，"观颐"指观察所养的是什么样的人。"自求口实"则是了解其养己的状态：所养的都是君子，而且养己知节制，即为贞吉；倘若所养的皆为小人，养己时奢侈、浪费、荒淫无度，那就不贞，也就不可能吉祥了！颐道必须遵循正道，称为"养正"。

六二爻辞："颠颐，拂经于丘颐，征凶。"小象说："六二征凶，行失类也。""颠"为颠倒，"颐"即颐养。六二当位，又居于下震中爻，原本得位得中，理应遵循颐养的正道。但是六二与六五同性不相应，以致六二不供养六五，却颠倒过来求初九供养，违反了颐养之道。"拂"是违背，"经"为常理，"拂经"便是反常，也就是违反了常道。"丘"指高处，在这里即指六五、六二的行为，违反了供养六五的常理，所以说"拂经于丘颐"。"征"是行为，这种反常的行为，将招致凶险。颐卦的四个阴爻，属于同类，阴柔不实，都依赖上九供养。但只有六二既求食于上九，又颠倒过来求食于初九既不能养口体，又不能养德性。这种和同类不一样的失态行为，当然凶险。颐道以"正"为要旨，六二失正必然"征凶"。

颐
27 六二，颠颐，拂经于丘颐，征凶。

> 六二当位，又居于下震中爻，原本得位得中，理应遵循颐养的正道。但是六二与六五不相应，以致六二不供养六五，反而向下求初九供养。"颠"是颠倒，六二这种行为，颠倒了正常的颐养之道，所以说"颠颐"。"拂"为违背，"经"指经常守则。"丘"是山丘，上艮为山，象征颐卦四阴爻都阴柔无实，必须依靠上九供养。六二却显得很特殊，除了上九之外，还要向初九求食，实在有违常则。六二阴居柔位，并没有多大力量南征北伐，这样上下求食，当然"征凶"。六二爻变成损卦，表示六二既不能养口体，又不能养德性，实在有损于颐道。

不可因贪婪嘴馋，而舍弃了养生的正道。

三、六三拂颐十年不可施用

颐卦（☷☳）彖辞说："颐，贞吉，养正则吉也；观颐，观其所养也；自求口实，观其自养也。天地养万物，圣人养贤以及万民。颐之时大矣哉！""颐"是卦名，意思为颐养。"贞吉"是有条件的，那就是"养正"，遵循正道才能吉祥，所以说"养正则吉也"。"观颐"指观察其所养的人，是何等人物。"自求口实"，是观看其养自己的状态，合不合乎中道。天地有好生之德，以雨露养育万物，圣人培养、任用贤人，来替天行道，务求泽被万民。颐养必须合乎时宜，随时做好合理地调整，所以说"颐之时大矣哉"。为什么"时"的下面没有提及"义"呢？因为义的部分，在彖辞中已经说得相当明白，用不着再说"颐之时义大矣哉"，大家也就能够感悟了。

六三爻辞："拂颐，贞凶，十年勿用，无攸利。"小象说："十年勿用，道大悖也。"六三以柔居刚位，并不当位，六三不当位，与上九相应，象征不求自养而求养于上，也是违背颐养之道，所以说"拂颐"。六三居下震的极位，违背颐道尤为厉害，必须守正才能避凶，因此说"贞凶"。与上九相应，象征不求自养而求养于上。从颐卦的爻位来看，求养于下为"颠"，如六二；求养于上称作"拂"，六三便是。"颠"为颠倒，"拂"即违背。六三处下震的极位，违背颐道尤为厉害，必须守正才能避凶，所以说"贞凶"。但是六三阴柔不中不正，又处震卦极位，实在不容易守正。虽然历经十年之久，仍将为人所弃而无所利。这样依赖他人却不自食其力的人，必须知所警惕。因为颐养不合理，大多肇因于失策，才会很久都不能获得颐养，看来这也是一种自作自受，怨不得他人。"十"为数的终点，形容其长久，并不一定是十年。守正防凶，对六三来说甚为困难，因此更要加倍努力，加倍忍耐。

第八章 颐卦六爻说了些什么？

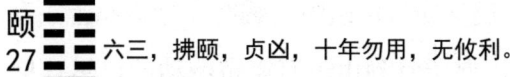六三，拂颐，贞凶，十年勿用，无攸利。

> 由于六三阴柔不正不中，实际上很难守正，即使历经十年之久，仍将为人所弃而不见用，无所利好像也是自作自受，怨不得他人。六三爻变为贲卦，表示在思想及行为上，都需要不断修饰调整，不往上求上九供养，以免长期受灾。

依赖他人而不自食其力者，必须提高警觉，以免受灾。

四、六四颠颐不断获得颐养

颐卦（䷚）大象说："山下有雷，颐；君子以慎言语，节饮食。"颐卦下震上艮，震为雷、艮为山，象征"山下有雷"。山下有雷声，也有震动。从我们的脸部来看，山指鼻子，鼻子下面有嘴巴，咀嚼食物时，既会发出声音，也会有所震动。倘若缩小范围，只从嘴巴着眼，上牙床不动如山，下牙床震动如雷，咀嚼食物时，牙齿和舌头互动，发出声音。这两种景象，都有如"山下有雷"。君子看到山下有震雷响动的自然景象，当仿效天地养育万物的道理，慎于言语以养品德，节制饮食以养身体。言语要谨慎、饮食宜节制，是我们遵循颐养之道的两大要旨，养口体和养心志是同等重要的。

六四爻辞："颠颐，吉。虎视眈眈，其欲逐逐，无咎。"小象说："颠颐之吉，上施光也。"六四阴柔当位，与初九相应，象征求养于下，所以说"颠颐"。六四和六二同为"颠颐"，而结果不同。因为六二求初九供养，有意愿却不得相应。六四与初九相应，好像老虎眈眈注视，选择可养的，并且快速使求养的欲望不断地实现。表示六四舍己求贤，牺牲自己以成全初九，当然吉祥无咎。一心养下，并无任何不良企图，合乎颐养的正道。不像初九与六二的关系，令人觉得六二"颠颐"，违背了颐养的常则。六四居上卦，却能够颠倒向下，求养于初九，然后再用来养人，这种居上却能向下施以光明的美德，是六四获得吉祥的缘由。六四"虎视眈眈"，象征垂目注视，择可食的而食。"其欲逐逐"，表示既然择贤而养，就应毫无保留地快速供应，养人之中不应存有图利的私欲。

颐 ䷚
27

六四，颠颐，吉。虎视眈眈，其欲逐逐，无咎。

六四当位，为上艮的初始，与初九相应，也是求养于下的"颠颐"。但是与六二的结果不同，是因为六二有意愿却不得相应，所以凶险。而六四位于山中，从上向下看，一副虎视眈眈的模样，可选择可养的，并可快速实现求养的欲望。"逐逐"意即继续不已。四阴相连，有持续不断的求养欲望。六四居上卦，能够颠倒向下，求养于初九，然后再用来养人，这种光明的美德，当然无咎。六四爻变为噬嗑卦，表示若能择贤而养，就合乎正道。

同样是"颠颐"，用来养己即凶，用以养人便能吉祥。

五、六五依赖上九难成大事

颐卦（䷚）的主旨在颐养，无论是养口体、养心志，养自己，还是养别人，都必须保持合理的操守，才能够贞正而吉祥。养口体为小，养心志才大。养自己是一家人的生活，养别人则扩展到社会的生存，国民的生计，甚至于全体人类的共存共荣。颐养之道，不但要养，而且要重视"育"。用现代的话来说，颐卦所讲的，全是民生的问题。《大学》所说："有德此有人，有人此有土，有土此有财，有财此有用。德者本也，财者末也。"颐养之道，以谨慎修德为本。有品德才有人民，有人民才有土地，有土地才有财货，有财货才有用度。品德是根本，而财货则是末节。

六五爻辞："拂经，居贞吉，不可涉大川。"小象说："居贞之吉，顺以从上也。"六五阴柔居刚位，与六二不相应，就近以阴承阳，向上求养于上九，是一种"拂颐"的行为。"五"原本是君位，有养育万民的责任，现在反而求上九供养，违反经常的法则，所以说"拂经"。但是六五能够信任上九，表示柔弱之君，坚信忠贤的上九，而无所动摇，即使违反常道，仍然可获吉祥，所以说"居贞吉"。"居"是守的意思，"贞"即正固不移。六五有上九相助，固然很好，然而六五毕竟为大，倘若自身柔弱，依赖刚毅的上九，彼此配合起来，难免顾此失彼。如果遭遇危难大事，更不能得心应手，所以说"不可涉大川"。守成可以，想要大有施展，实在非常危险。六五柔顺，处处向上尊重上九，毕竟违反常态。六五最好能够发奋自养，有朝一日变成良才，如此将会更为圆满。

第八章 颐卦六爻说了些什么？

颐 27 六五，拂经，居贞吉，不可涉大川。

"拂"指违背，"经"为常则，"拂经"即违背常则。由于六五阴居刚位，与六二不相应，就近以阴承阳，向上求养于上九，就易道而言，是一种违背常则的行为。六五居君位，原本有养育万民的责任，现在却反过来求上九供养，当然是"拂经"。但是六五能够信任上九，表示柔弱之君，坚信忠贤的上九，即使有违常理，仍然是守正的做法，所以说"居贞吉"。但是在这种情况下，要想大有发展，实在十分困难，因此说"不可涉大川"。六五爻变即成益卦，表示六五"居贞"，对己对人，都是正面且有所帮助的。

全权委托大贤，必须谨慎小心，才能吉顺。

六、上九树大招风心存惕厉

颐卦（䷚）六爻，下三爻重视自养，而且重视口腹之欲，所以初九"凶"，六二"征凶"，六三"贞凶，十年勿用，无攸利"。上三爻致力于养人，重视公德，秉持正道，所以六四"吉"，六五"居贞吉"，而上九"厉吉，利涉大川"。下震三爻，养口体却不养品德，因此都不能获得吉祥，启示那些贪求口腹之欲却轻视道义的人，必须要以此自我警戒。而上艮三爻，既重视养德又能养人，因此都能获得吉祥。《杂卦传》所说："颐，养正也。"养生必须依循正道，以德为本，这点在颐卦当中，已经充分表露无遗。现代人重口体而轻德性，难怪物质生活愈丰足，身体健康愈令人担忧。亚健康的人已属难得，不健康的人比比皆是，必须重新体会颐道的真义，并确实据以执行才是良策。

上九爻辞："由颐，厉吉，利涉大川。"小象说："由颐，厉吉，大有庆也。""由颐"的意思，是指由于上九而使其他各爻得其所养。上九刚居柔位，虽然不当位，但六五却充分给予信任，把颐养的重责大任委托给上九，并且深信不疑。上九固然大有福庆，但是树大招风，官高身危，倘若因而骄纵自大，那就十分危险。必须时时高度警惕，处处小心，事事谨慎，才能获得吉祥，所以说"厉吉"。上九得到六五的尊重，使得六二、六三、六四，也都顺从于上九。在这种情况下，上九当然"利涉大川"，可以做出一番大事业。唯有把"知危能慎"谨记在心，才能担当如此重大的责任，大有福庆。上九有这样的福庆，在《易经》中十分少见。可见颐养能不能正吉，全看上九如何表现。上九实在是当之无愧的卦主。

第八章 颐卦六爻说了些什么？

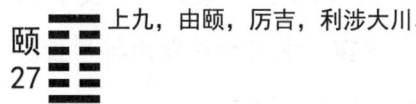
上九，由颐，厉吉，利涉大川。

> 上九刚居柔位，由于六五充分信任，因此担当了颐养的重大任务。"由颐"的意思，是由此以成颐养之道。由上九来养万民，原本是"厉"，因为树大招风，倘若因此而骄纵自大，那就更加危险，只要初九爻变，全卦就会变成剥卦，岂不是"厉"？但是，上九若能常存危厉之心，保持高度警觉，自然能够吉祥。上艮六五爻变，即成巽卦。颐卦外实中虚，好比一艘空船。上卦变成风，象征空船遇风，十分危险，因而"不可涉大川"。倘若上九爻变，成为上坤，就象征航行顺利，所以"利涉大川"。上九爻变，颐卦成为复卦，表示内心涵养得正，谨慎小心，自然能够恢复颐养的正道。

养育之道，必须通盘筹划，善尽养正的责任。

我们的建议

（一）颐卦（☲）四阴二阳，四个阴爻为同类，阴柔无实，要靠上九供养，也可以说提供上九和初九食用。初上两阳，象征上下颚，中间四阴即两排牙齿。上颚不动为艮，下颚震动如咀嚼食物，启示我们：自养养人，都要遵循正道。

（二）颐卦（☲）下震上艮，上卦三爻，有艮德，旨在止欲修行，所以重养德、养贤；下卦三爻，有震动力量，主要在饮食、养口体。由于养口体不如养心志，所以下卦三爻，皆以养己取象而凶，上卦三爻都因养人而获得吉祥。

（三）六四对初九"虎视眈眈"，一眼就看出初九的问题，在于但求养己不知养人。其所以"其欲逐逐"，则是求才若渴的象征，好心好意想教导初九走正道，所以无咎。

（四）养身、养心之外，现代人还需要养灵，身心灵三者合一，都受到合理的教养，这才是颐养的正道。由个人开始，扩大到全民的民生，无论管教养卫，都应该同等重视。

（五）人要饮食，一般动物也都需要食物。然而人为万物之灵，就必须吃得合理而且吃得体面，同时推己及人。希望人人都能够如此，才是社会安定、人群和谐的最佳途径。

（六）颐卦（☲）的错卦是大过卦（☱），卦序如此安排，主要在于提醒我们：不当的行为很可能导致灾祸。现代人物质生活愈富裕，精神生活却往往愈空虚，这是为什么呢？接下来我们最好先来看看大过卦六爻说些什么。

第九章 大过卦六爻说些什么？

大过卦表示阳盛阴衰，不能平衡，
四阳二阴，阳为大，四阳又紧连在一起。
过大难制、过刚易折，是不易的道理，
如何补偏救弊，关键在于调剂得宜。
泽灭木，洪水淹没树木，是罕见的景象，
就算大木沉在水中，也属于非常的状态。
大过是不平常现象，好比大梁弯曲，
又似少女在上、长女在下，一副违反常理的状态。
怎么办？当然不能轻易放弃，必须设法化解，
非常情况，必须采取颠覆性策略，才能制宜。
初、二、四均吉，九五无咎无誉，可见吉多凶少，
只要平心静气，应付得宜，自然就会利有攸往。

一、初六以柔承刚慎始无咎

大过卦（☱）是上经第二十八卦，前为颐卦（☶），也就是大过的错卦，后为坎卦（☵）和离卦（☲），表示大过可能带来两种后果：不成功（离）；便成仁（坎）。《杂卦传》说："大过颠也"，大过卦四阳（大）二阴（小），象征"大有所过"，以致颠覆，必须尽力调整，以求刚柔相济、主辅平衡。

卦辞说："大过，栋桡，利有攸往，亨。""大过"是卦名，四阳居中，过于强盛，而阳刚为大，所以名为"大过"。好比栋梁的中间过强，而两端过弱，以致曲折破坏。"桡"即曲折，四阳居中，阴柔退居本末的位置。中间的栋梁缺少阴柔的辅助，因而产生曲折的现象。此时若是采取果敢的态度，前往整治，必将有利，而获得亨通。倘若不及时行动，便就不亨了！初六爻辞："藉用白茅，无咎。"小象说："藉用白茅，柔在下也。"初六阴居阳位，象征原本阳刚的资质，表现出阴柔的行为，谦虚而不自大。好比一个破旧的花瓶，依然谨慎地用洁白素净的干草，垫在下面来加以保护。"藉"是衬垫，"白茅"即洁白的茅草。大过的行为，可以说是非常时期，要做不平常的大事。为什么要"藉用白茅"呢？因为初位在下，六的性质又很阴柔，譬喻职位卑微的人，担负重大的责任，必须对人特别谦虚，对事特别谨慎。保持胆大心细、敬重虔诚的心态，来承助上面四个强大的阳爻，如此才能无咎。初六爻变成夬卦（☱），表示初始时便应该做出最有力量的决定，保持柔和清白，不致一开始就种下祸端，误了大事，那就不可能无咎了！慎始，以"履霜坚冰至"为戒，是初六的重点。

第九章　大过卦六爻说些什么？

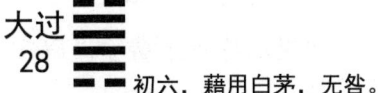

初六，藉用白茅，无咎。

"藉"是衬垫，"白茅"即洁白柔软的茅草。初六以阴居刚位，是大过卦的初爻，表示大有所过，也就是做得过分的时候，必须抱持虔诚的恭敬之心，就好像祭祀时用洁白柔软的茅草，把礼器衬垫在上面，以防止滑动破损。"藉用白茅"象征初六不当位，职位又卑微，与九四相应，必须胆大心细，谨慎地承助上面四个强大的阳爻，才能无咎。初六爻变即成夬卦，表示大过时期，一开始就应该做出最有力量的决定，保持柔和清白，以"履霜坚冰至"为戒，务求慎始。

以柔承刚，谦恭谨慎，务求慎始。

二、九二在大过时期无不利

大过卦（䷛）彖辞："大过，大者过也；栋桡，本末弱也。刚过而中，巽而说行，利有攸往，乃亨。大过之时大矣哉！"大过卦下巽上兑，中间四个阳爻，上下各一个阴爻。阳为大，有过分强盛的景象，所以称为"大过"。如果用栋梁来譬喻，确实有本末都弱的担忧，怎么还能够"利有攸往"呢？这是因为阳为君子，而阴即小人。九五获得这么多君子的拥戴，九二也秉持中道，联合九三、九四共同支持九五，君子多于小人，刚健却能合乎中道，自然上下同心，得以雷厉风行，利有攸往而亨通。所以孔子赞叹大过之时，为天下整治的大时代，阴柔小人退居卑末的位置，实在难得！

九二爻辞："枯杨生稊，老夫得其女妻，无不利。"小象说："老夫女妻，过以相与也。""稊"是新生的嫩芽，"杨"指性喜近水的杨树。九二居巽木的中位，距离上兑较远，泽水不够，以致杨树枯槁。现在居然生出嫩芽，譬喻九二这位老夫，向下求得初六少妻，象征过盛的阳刚与阴柔相结合，所以"无不利"。九二位于四个阳爻的最下面，表示大过的开始。按照自然哲理，九二阳居阴位，原本应该向上发展，却因为与九五不相应，反而向下与初六相合，这种不正常的遇合，应该属于过失的行为。幸好九二居下巽中位，能合理地通权达变，在阴阳极不平衡的大过情境中，与初六阴柔相互亲近，使这种过失，能够将错就错而"无不利"。九二爻变为咸卦（䷞），象征过与不及的偏差，可以用合理的感应来加以调剂。阴阳相济，在大过时期尤其重要！

大过 28 九二，枯杨生稊，老夫得其女妻，无不利。

"枯杨"指枯槁的杨树，"稊"为嫩芽。九二居巽木中爻，不当位，与九五也不相应，象征距离上泽较远，水分不足，以致杨树枯槁。现在居然生出嫩叶，譬喻九二这位老夫，向下求得初六少妻，所以说"老夫得其女妻"，也就是过盛的阳刚与阴柔相调剂，因此"无不利"。九二爻变成为咸卦，表示过与不及的偏差，可以用合理的感应来加以调和。阴阳相济在大过时期，显得特别重要。

阴阳相济，最好能用合理的感应来加以调和。

三、九三过刚易折必招祸害

大过卦（☱）大象说："泽灭木，大过；君子以独立不惧，遁世无闷。"大过卦下风上泽，风为木，泽水把树木淹没，是一种自然现象，称为"泽灭木"。这种现象罕见，取名"大过"，有太过分的意思。君子看到这种景象，领悟出自身当特立独行，毫不畏惧，勇敢地挺身而出，整治社会乱象，即使为世俗所弃而隐退，也不觉得烦闷的道理。大过表示非凡、非常事业，应该由大过于常人的君子来完成。

九三爻辞："栋桡，凶。"小象说："栋桡之凶，不可以有辅也。"凡是过分刚直的人，如果缺乏柔和的力量来加以辅助，不能够任重致远，必然会招致祸害。九三在大过的情境中，以阳刚居阳位，又是下卦的极端，难免过分刚亢，又与上六相应，因此刚势更加强烈，有如栋梁的中央部分愈刚，而本末两端愈弱。象征阳刚太过强盛，又不知如何加以补救。"栋桡"的可怕现象，就在九三这一爻充分显现了。依《易》卦常态，九三当位，又与上六相应，既处于正位，又能阴阳相济，为什么会凶呢？因为大过的情境，所重视的是非常的举动。现在九三一切如常，很难应付大过的特殊需要。好比眼见栋梁有弯曲甚至折裂的危机，仍然不敢权宜应变而有所作为。一旦真的断裂，九三守正又有何用？缺乏对"栋桡"的辅助作用，当然会有凶祸。九三爻变为困卦（☱），表示九三志在自保，缺乏突破困境的眼光与魄力。原本在四阳爻中应尽的一份责任，也被自己的刚愎自用而困于九五、九四与九二之间，动弹不得而有凶祸。

第九章 大过卦六爻说些什么？

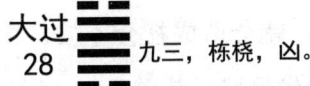九三，栋桡，凶。

> 九三当位，与上六相应，既处于正位，又能阴阳相济，按理说应该不凶。但是大过的情境，所重视的是非常的举动，九三一切如常，反而很难应付大过的特殊需求。好比栋梁已经有所弯曲，甚至于有折裂的危机，仍然不敢权宜应变而有所作为。可以说在这种特殊情况下，守正又有何用？对栋梁起不了辅助的作用，当然会有凶祸。九三爻变为困卦，表示志在自保，缺乏突破困境的眼光与魄力，把自己困在九五、九四与九二之间，实在不合时宜。

过分刚愎自用，容易陷入困境。

四、九四兴隆不苟合有阻碍

《序卦传》说："颐者，养也；不养则不可动，故受之以大过。"颐卦（䷚）的主旨是颐养身心，而且养口体不如养心志。可是大多数人都是偏爱养口体，忽略了养心志。倘若处于太平盛世，还情有可原。然而一旦安逸得过分，就会造成社会不安。由于饱暖思淫欲，丰裕的物质生活，反而会导致心灵更加空虚。这时候最好反其道而行，所以《杂卦传》说："大过，颠也。"为了防止大为过分而导致颠覆，必要时就必须采取某些颠覆性的手段，以求挽救大局。颐卦求养正，事物得不到颐养，就不能兴动。大过是危难的情势，必须要有素养良好的正人君子出来承担济世的大任，但是矫枉过正，也常常是不可避免的现象。所以九四爻辞说："栋隆，吉；有它，吝。"小象说："栋隆之吉，不桡乎下也。"九四和九三，同样位于四个阳爻的中间，九三当位，九四不当位。为什么九三凶而九四反而吉祥呢？这是因为九三居阳用刚，易于刚愎自用，对阴柔采取绝对排斥的敌意，不利于刚柔并济。九四以阳刚居阴柔的爻位，能够居阴用柔，呈现向上隆起的现象。对栋梁来说，向下弯曲不能再加重压，所以难以辅助；向上隆起，比向下弯曲好得多，因此吉顺。但是九四和初六相应，倘若心有顾念，反而增添麻烦。有了这样的其他因素，所以有"吝"。九四爻变为井卦（䷯），表示泽水过多，九四已经是上兑的开始，不需要再吸取初六的水分（井卦自初六到九四有坎象）。最好设法使井水流通，不要再溢上来，以免更加凶险。"不桡乎下"，意思是不要与初六过多地互动，使初六能专心地以阴柔承助四阳。

第九章 大过卦六爻说些什么？

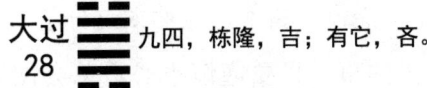九四，栋隆，吉；有它，吝。

> 九四不当位，在大过的情境中，反而象征以阳刚之质，能够居阴用柔，使向下弯曲的栋梁，呈现向上隆起的现象，所以吉祥。但是九四和初六相应，倘若心有顾念，反而增添麻烦。有了这样的其他因素，所以有吝，最好及时加以避免，才能无咎。九四爻变为井卦，表示九四位居上泽的始位，泽水已经过多，不需要再吸取初六的水分。必须设法使井水流通，不要再溢上来。提醒九四，不要和初六多互动，使初六能专心地以阴柔承助四阳。

兴隆时不能有私心，以免造成阻碍。

五、九五虽有权位无过无誉

　　大过卦（☰）的卦象为"泽灭木"，大洪水或大海啸，淹没了树木。这种景象，毕竟罕见，并不寻常。依常理判断，水应该用来滋润树木，把大过卦的上下卦交换，成为风泽中孚（☰），这才合乎常理。现在泽水在上，淹没了树木，当然太过分了，所以取名为"大过"。全卦阳四阴二，警示我们：无论多大的事，只要谨慎小心，总会恢复常态。补救的方法，在于阴阳调和得宜，一方面积极地"独立不惧"，一方面消极地"遁世无闷"。相反相成，使过刚过柔，都能够互相调和，以求履险如夷，逢凶化吉，应变得宜。

　　九五爻辞："枯杨生华，老妇得其士夫，无咎无誉。"小象说："枯阳生华，何可久也？老妇士夫，亦可丑也。""华"就是花，"枯杨生华"，象征九五盛阳与上九衰阴的调和，好比枯槁的杨树重新开花。九五和九二，同样是时令已过的枯杨，为什么九二"生稊"而九五"生华"呢？因为九二与初六，是老夫少妻，有生机复萌的可能；九五与上六，则是老妻少夫，成为枝头开花、生气将尽的景象。阴承阳和阴乘阳的因果关系，真的大不相同。九五阳居阳位，表示本质刚正的士夫，与九二不相应，所以和比邻的上六互相调和。由于阳居中位，所以笃实中和，可以无咎。但是地位崇高，却不能越分以拯救危难，与老阴相配，也将亏耗元气，因此"无誉"。枯阳生花不能持久，老妻少夫也不是美事。九五爻变为恒卦（☰），表示必须要有耐性，恒久地去处理这样的事宜，才能顺利使大者过关，若造成不良风气，那就有咎了！

第九章 大过卦六爻说些什么？

大过
28 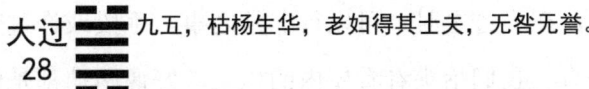 九五，枯杨生华，老妇得其士夫，无咎无誉。

> 九五和九二一样，都是时令已过的枯杨。但是九二与初六，是老夫少妻，有生机复萌的可能。而九五与上六，是少夫老妻，呈现枝头开花、生气将尽的景象。九五阳居阳位，是本质刚正的士夫，由于与九二相应，所以与比邻的上六互相调和。九五尊贵，又笃实中和，因此无咎。但是地位崇高，却不能越分以拯救危难，与老阴相配，也将亏耗元气，因而"无誉"。九五爻变成恒卦，表示必须恒久地处理这样的事宜，才能顺利使大者过关。

枯杨生花不能持久，老妻少夫也不是美事。

六、上六深入陷阱祸由自取

　　大过卦（☱）下巽上兑，四阳爻居中，初与上皆阴。倘若把四阳爻看成一个整体的阳爻，那么全卦的大象就成为坎（☵）了。充满了坎险，所以大过。然而九二与九五，既刚健又能持中，象征栋梁之材，在大过之时，可以行非常之事。手段或许过分激烈，但是为了顾全大局，有时反而是好事。我们抬头看看屋内的栋梁，好像两端都是做成比较细小的榫头，以便能够嵌入支撑的梁柱。在实际运用上，也是良好的配合。然而，这样的运作，必须以合理为宜。倘若柔弱过了头，一旦承受重压，就会因为支持不住而折断，此即为"栋桡"的现象。

　　上六是大过的最终阶段，象征矫枉过正到了极点。好比涉水的人，原本想要拯救溺水的弱者，却因为承受不了水的旋力，而遭遇了灭顶之灾。这种情况，对于被救的人，或者救人的勇者，都是凶祸。上六爻辞说："过涉，灭顶，凶，无咎。"小象说："过涉之凶，不可咎也。"既然过分涉水且遭到灭顶的凶祸，为什么"无咎"呢？因为上六当位，柔得其宜，又与九三相应，彼此都有凶祸，当然无法互相救援，但也就不致因此而牵涉在一起。在大过的情境中，就算遭遇灭顶的灾难，只要平心静气，想一想"不成功便成仁"的道理，也就问心无愧，谈不上获咎了。上六爻变为姤卦（☰），表示遇到这样的情况时，最好想一想"大过之时大矣哉"的道理。此时此地，四阳在下刚健强盛，上六孤阴残存，随时都有灭顶的可能。不可以因为害怕有咎，便无条件投降，什么都不敢做了。"不可咎"是一句鼓励的话，事非得已，只要是大义所在，还有什么可咎的呢！

第九章　大过卦六爻说些什么？

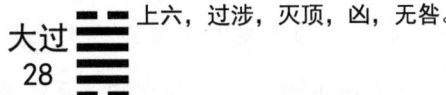
上六，过涉，灭顶，凶，无咎。

上六当位，居上泽的极位，象征走入水中，淹没了头顶，必然招致凶祸。譬喻凡事不知深浅，掉入陷阱，完全是咎由自取，怨不得他人。但是在大过的情境中，四阳在下刚健强盛，上六孤阴残存，随时都有灭顶的可能。不应该因为害怕有咎，便什么事情都不敢做。上六爻变成姤卦，表示遇到这样的情况，最好想一想"大过之时大矣哉"的道理，这样便能平心静气，应付得宜，反而得以无咎了！

大义所在时，要能不避艰险，慷慨赴义，如此心中便没有愧疚。

我们的建议

（一）老夫少妻，原本并非常态。然而在非常情况下，我们也不必坚决反对。只是当事人最好保持低调，不应该大肆宣扬，以免误导世人，还以为这真的是一种好现象。

（二）"老妻少夫"为什么比"老夫少妻"更为不妥？主要是因为生理上的机能不同。男长于女，在生理上少阴可以滋补老阳，而老阴不但不能滋补少阳，反而将会亏耗其元气。对阴阳调和的功能来说尤其不值，所以说"可丑"。

（三）大过卦（䷛）中，老夫少妻或老妻少夫，都是一种譬喻。"老夫"代表衰颓的强大势力，"少妻"象征新进的生力军。有新人来振衰去蔽，当然无不利。"老妻"是旧干部，"少夫"是新势力，以旧干部的身份来投奔新势力，必须要多加考虑。

（四）易道以中和为贵，大过是阳刚过中的卦，象征偏离常道，随时四阳可以灭二阴而转向反面，使阴阳关系大为颠倒。《系辞下传》以大过为"棺椁"的象，也就是死象，便是把"过中"视为一种莫大的危险。

（五）大过卦（䷛）的用意，在促使我们大彻大悟，及早避免过中的行为，也就是不妥当的言行举止，以免招灾惹祸。初六和上爻表示外界的诱惑，缺乏刚强毅力，很难防止。

（六）大过卦（䷛）九三、九四互有吉凶，所幸九二、九五皆能得中，能够在大过的情境下，保持合理的中道。所以同样属于阳刚健实，却由于所处地位的不同，进而产生不一样的效果。

第十章 怎样把四卦合起来看？

中孚、小过、颐、大过四卦，具有密切关联，
可以合而观之，旁敲侧击，更能明白个中本意。
中孚、小过互错，具有先后的关系，
上下卦交换，便成为大过卦和颐卦。
大过卦和颐卦互错，也是先后关系，
大过和小过，卦名相对，可以互相比照。
政治以中孚为基本精神，首重养民，
偶尔犯小过，必要时犯大过，都必然受到欢迎。
中孚代表宇宙的本质，诚为本体，
君子依颐道以养正，务求既合理且正当。
中孚和颐卦，大象为离，大过小过则为坎，
此四卦上下相对，就好比镜中物内外相映。

一、中孚和小过各有其交卦

中孚卦（䷼）下兑上巽，倘若将上下两卦互相交换，便成为下巽上兑的大过卦（䷛）。中孚和大过，彼此的关系即为交卦，意思是内外卦的位置相互更替。

小过卦（䷽）下艮上震，若是上下两卦互换，就成为下震上艮的颐卦（䷚）。小过和颐，同样是交卦。

中孚卦（䷼）与小过卦（䷽）互为错卦，大过卦（䷛）与颐卦（䷚）也互为错卦。中孚、小过、颐、大过这四卦，具有十分密切的关系。易道的要旨，说起来就是一个"中"字。我们常说中庸之道、中和之美、中正之德，全都是中孚之用。六十四卦之中，凡有"孚""中"字句的，基本上都和中孚卦有关。主要在二、五两爻正位，象征以"中"为表率，而内外相应，作为孚信的典范。因为正位得中，才能够正而不偏。内外相应，才显得有德者必不孤单。不偏不孤，当然利涉大川。坚持外刚中柔的美德，即为中孚。

《中庸》所说的"过与不及"，即为"失中"，于是有了"大过"或"小过"，以象征"大事而过之"或"小事而过之"。与天下国家有关的事，当然是大事，大事有过，那就是过之大者，称为"大过"。与自身日用有关的事，即为小事，小事有过，属于过之小者，称为"小过"。人犯大过必害于家而凶于国，犯小过则毁其德行，而招致灾祸。不论大过、小过，都有为己或为公的可能。因此大过与颐卦互错，而小过与颐卦相交，两者都和颐养之道有密切关系。动机纯正，秉持公心，无论大过、小过，都是养育之道的推己及人，向外扩展。

第十章 怎样把四卦合起来看?

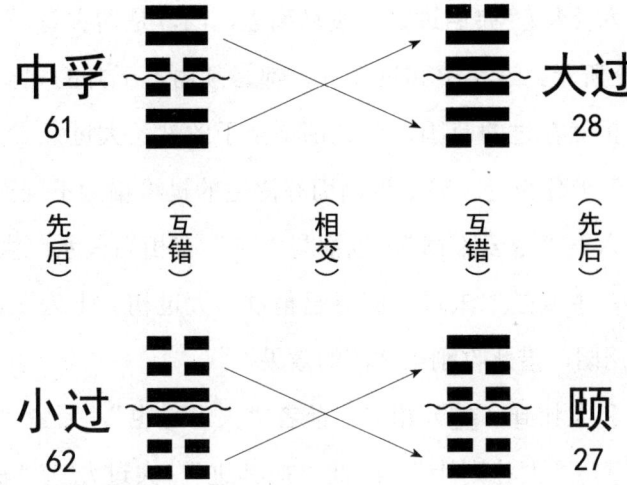

二、大过和小过其卦名相对

从卦名看，大过卦（☱）和小过卦（☳）是相对的。大过的过在中，而三、四两爻，尤为中之中。所以九三爻辞："栋桡，凶"；九四爻辞："栋隆，吉，有它，吝。"所取的象都是"栋"，为其他四爻所无。小过的过在外，而初、上两爻，尤为外之外。所以初六爻辞："飞鸟以凶"；上六爻辞："弗遇过之，飞鸟离之，凶，是谓灾眚。"所取的象都是"飞鸟"，同样为其他四爻所无。过在中和过在外，都必须由上下卦的中爻来加以补救，因此两卦的二、五两爻，虽然在过的范围，但是都不至于凶咎。大过九二"枯杨生稊"，九五"枯杨生华"，和"栋"十分相近。只是近阴而有滋生的机缘稍为不同而已。而小过的六二"过其祖，遇其妣"，六五"密云不雨"，也都与"飞"有相当关系。大过和小过的二爻与五爻相较，二比五善，主要是二未过，但五已稍过。大过初、上为阴，小过三、四为阳，阴过则用阳，阳过则用阴，借此收刚柔并济的效果。

大过卦（☱）又和大壮卦（☳）相对，前者"大者过也"，后者"大者壮也"。"大过则颠"，必须"防其桡"；"大壮则止"，因此"戒其进"。大过九三"栋桡"，与大壮九三"羸其角"，十分相近。大壮九四"壮于大舆之輹"，比大过九四"栋隆"更加过分。

小过卦（☳）也与小畜卦（☴）相对。小过二阳四阴，象征阴阳失调，而小过于大。小畜五阳一阴，以小畜大，同样阴阳未和。推而广之，小畜卦（☴）与大畜卦（☶）相对，大畜卦又和大有卦（☲）相对，两者都重视贤人。四卦之外，似乎又有许多相通的卦，应该都需要以"诚"来沟通。

第十章　怎样把四卦合起来看？

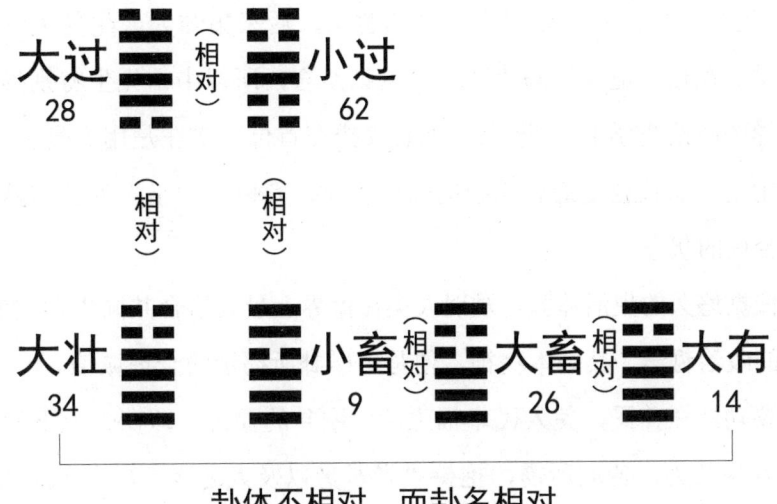

卦体不相对，而卦名相对

三、中孚是政治的基本精神

周文王为《易经》写卦爻辞，主要的用意，在阐述中华民族的政治哲学。但是他所依据的，并不是他自己的意见，而是黄帝所建立的道纪，也就是伏羲氏所画的道象。

由道象（阴、阳）、道纪（合乎道心的纪律），发展为道德（自古迄今，绵延不断的天人合一传统），这是中华民族一以贯之的政治哲学，后来集结为人生的大学问，即为《大学》。《大学》重点在使"道德"与"政治"密切结合，所以中山先生特别推崇，认为这是世界上最为优异的政治哲学书。《四书》把它安排在首位，实在是用心良苦。《大学》不但是道德修养的指南，而且也是最有系统的政治哲学，其以"中孚"为基本精神，把颐养之道发挥到最为合理的状态。

中华民族依据悠久的生活体验，发现人类在世界上最为适合共同生存发展的合理法则，即为天人合一的政治哲学。其基本精神，便是中孚卦所揭示的合理诚信。

政治的首要功能在养民，使人民幸福生活。颐卦的要旨，即在"天下为公"的大同理想目标之下，各尽其力、各取所需，抱持"老吾老以及人之老，幼吾幼以及人之幼""中国独一人，天下为一家"的胸怀，人人以服务为目的，不以夺取为手段。能有先公而后私的君子挺身而出，为人民服务，即使偶有小过，必要时犯大过，也是中孚的表现。把中孚、颐和大过、小过合起来实践，世界大同的理想，必然得以实现。这种合乎自然，符合人性，为百姓带来幸福的政治，任何社会都需要，任何国家都行得通。

第十章 怎样把四卦合起来看？

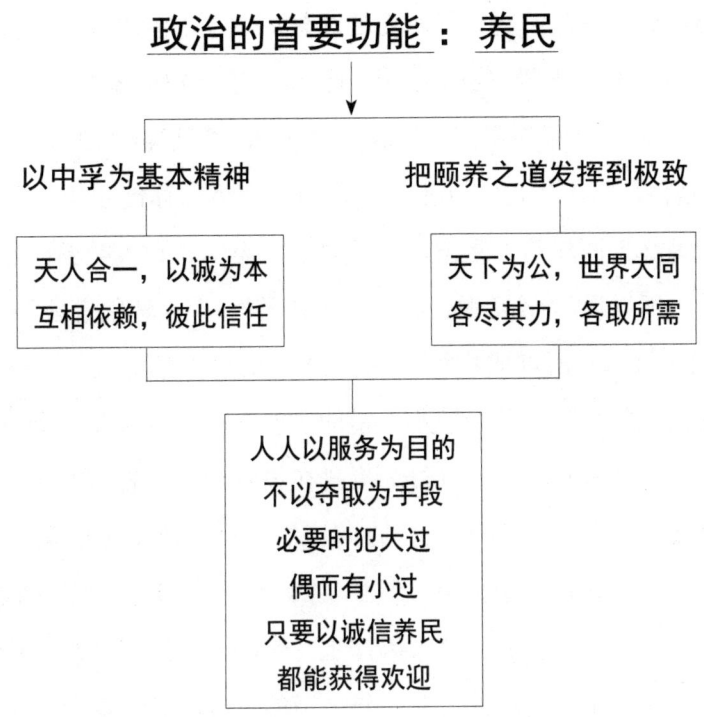

四、中孚是人生的最高境界

《中庸》这一本书，《史记》说它是子思所作，然而就其内容来分析，应该是在战国末期，经过扩充改造而成的作品。因为最重要的观念，不是"中庸"，反而是"诚"。它把宇宙和人生的关系，用"诚"来紧密结合。换句话说，把宇宙的本质，看作"诚"，也就是体。至于宇宙本质的发展，即为用，也就是"诚之"。所以说："诚者天之道也；诚之者，人之道也。"前者是体，后者为用。体不离用，用不离体。体能生用，以用显体。人可以扩大为物，因为"诚之"固然是人之道，却不限于人类，只是人类更应当如此而已。"诚"与"物"息息相关，所以说："诚者物之终始，不诚无物。"人和物都应该"诚之"，因而主张"诚者非自成己而已也，所以成物也。"把"诚"的形上学意义，发挥到淋漓尽致。可以说把"诚"当作人生的最高境界，视为人道的首要原则。古人以六十为花甲之年，孔子认为"六十而耳顺"，《周易》将节卦（☵☱）安排在第六十卦，表示人到了六十岁，就应该修养到可以安然地自我节制，不受他人闲言闲语的干扰。接下来的第六十一卦，才是中孚，可见合理节制，才能获得中孚之道。节卦（☵☱）兑在坎下，中孚（☴☱）兑在巽下。涣卦（☴☵）巽在坎上，而中孚巽在兑上。节因泽上有水，才能发挥节制的作用。涣由于风行水上，而生离散的现象。中孚以涣的上卦，结合节的下卦，务求避免涣节的过，而达到不过的中（当然是不过于离散，也不过于制止的中道），配合颐卦（☶☳）以养正，更显难能可贵！

第十章 怎样把四卦合起来看？

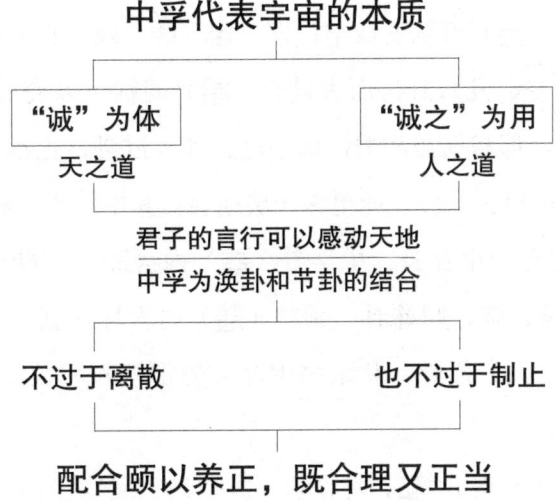

五、四卦各自含有好多个卦

《易经》每一个卦都有六爻，其中任何一爻，无论由阴变阳，或者由阳变阴，就会成为另外一个卦。中孚卦（䷼）六爻，由初九、九二、六三、六四、九五，一直到上九，顺序改变之下，就会形成涣（䷺）、益（䷩）、小畜（䷈）、履（䷉）、损（䷨）、节（䷻）六卦。依此类推，小过卦（䷽）可以变成丰、恒、豫、谦、咸、旅六卦；颐卦（䷚）可以变成剥、损、贲、噬嗑、益、复六卦；而大过卦（䷛）同样可以变成夬、咸、困、井、恒、姤六卦。中孚卦和颐卦，都和损益相关，而小过卦和大过卦，也都和咸恒的感情相连。我们把相关的这些卦，穿来串去，应该能更深一层地明白其中的意义和变化。

每一个卦，又含有五个中互卦。中孚卦（䷼）内含颐、归妹、益、损、渐卦；小过（䷽）内含大过、渐、恒、咸、归妹卦；颐卦（䷚）内含坤、剥、复、剥、复卦；而大过（䷛）内含乾、夬、姤、夬、姤卦。从这些中互卦的雷同和相关，可以看出中孚、小过、大过和颐卦的密切关系。

八经卦之中，有反也有对。"乾、坤、坎、离"为"反"，因为颠过来倒过去，都是同样的卦；"艮、兑、震、巽"为"对"，兑翻转过来为巽，而震翻转过来即为艮。兑卦上卦倒转、下卦不动为中孚；上卦不动、下卦倒转便成为大过。震卦上卦不动、下卦翻转成为小过；下卦不动、上卦翻转即为颐卦。中孚是双层的离卦，小过是双层的坎卦，大过是中间加厚的坎卦，颐卦是中间加厚的离卦。从这种角度来看设卦布爻，更能看出一阴一阳的变化，实在是无穷无尽。

第十章 怎样把四卦合起来看？

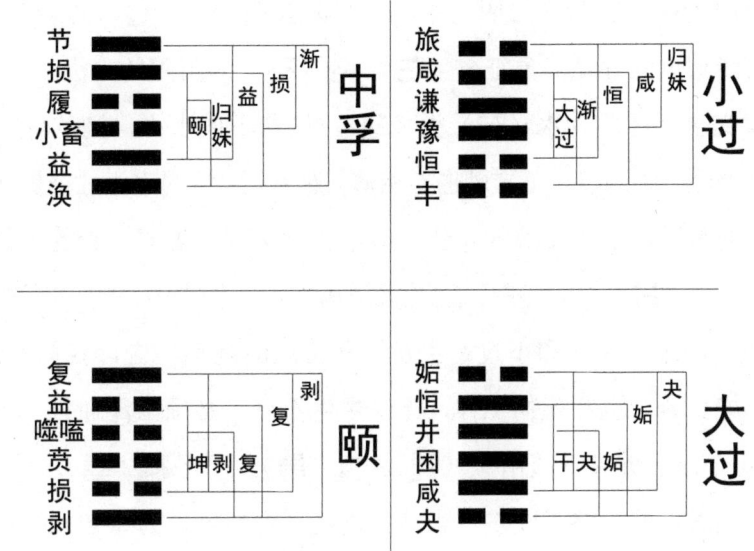

六、中孚颐肖离大过小过坎

坎（☵）和离（☲）是乾（☰）、坤（☷）的用，所以上经终于坎、离，而下经终于既济（䷾）和未济（䷿）。从大象看，颐（䷚）和中孚（䷼）为离（☲），而大过（䷛）和小过（䷽）为坎（☵）。所以上经以颐和大过来引出坎离，下经用中孚和小过来引出既济、未济。二阳含四阴为颐，四阳含二阴为中孚；二阴含四阳为大过，四阴含二阳则为小过。颐和大过，是山泽雷风的互动，象征乾（☰）、坤（☷）为阴阳的定位，也是万物的男女。阴阳交易、男女交合，即成为水（☵）火（☲）。倘若不成水火，则乾坤即为死物，无以生生不息。所以山泽必须通气，而雷风也要相薄，然后乾、坤的水火才能够相交。泰（䷊）、否（䷋）两卦，便是乾坤上下相综的功能，显示乾坤必须经过泰、否的考验，才能来到颐或大过，然后终以坎（☵）、离（☲），这是天道运行，万物吉凶、消长、进退、存亡的数，成为必然的历程。同理，中孚和小过，也是山泽雷风的互动，告诉我们：倘若没有既济、未济，则男女不能交合，也和死物一样，无法生生不息。必须山泽通气、雷风相薄，然后男女的水火可以交合。所以下经由咸（䷞）、恒（䷟），历经损（䷨）、益（䷩）的考验，才能来到中孚或小过，然后终于既济、未济，这是人道运行，万事吉凶、消长、进退、存亡的气，流行不已的变化。天道以泰、否为主，未必无人道；人道以损、益为主，也未必无天道。泰、否、损、益四卦，为全《易》的枢纽，而颐、大过、中孚、小过四卦，则是全《易》的气数，可以用来测定吉凶、消长、进退或存亡。

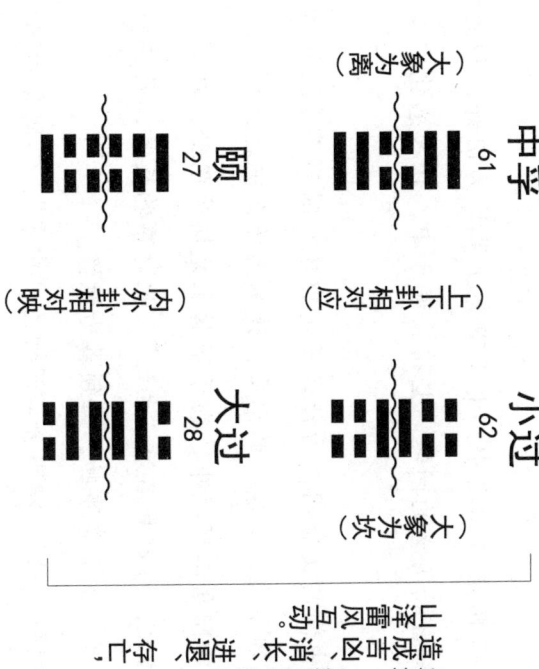

山泽雷风区凶言，
天道人道成，
互动消长，
知此进退存亡！

第十章 怎样把四卦合起来看？

-139-

我们的建议

（一）小过（䷽）二阳居四阴之中，由于下艮上震都是阳卦，却落得本末均为双重的阴，所以称为阴多于阳，阴为小，因此卦名为"小过"。这时候以正为本，必须利贞。

（二）中孚（䷼）二阴居四阳之中，由于下兑上巽均为阴卦，却能够本末皆阳，而保持中虚，所以没有阳盛阴盛的问题。坚持信发于中，让人感觉中心诚信，因此名为"中孚"。

（三）颐卦（䷚）中间四爻皆阴，为什么不是中虚？因为下震上艮都是阳卦，而且本末二爻也都是阳爻，呈现"自求口实"的形象，谈不上什么中虚，所以卦名为"颐"。

（四）大过（䷛）二阴居二阳之中，由于下巽上兑均为阴卦，却形成中体刚强而本末皆弱，显然是阳过于盛大，所以卦名为"大过"。此时事物反常，亟待整治。君子在大过时期，正好能以中孚态度，立非常事功，必须善为把握。

（五）二阳含四阴叫作"颐"，四阳含二阴称为"中孚"，二阴合四阳成为"大过"，四阴合二阳即为"小过"。其中颐卦和中孚卦的大象为离，而大过与小过的大象为坎。阴为"丽"而坎为"陷"？从这里应该可以获得更深一层的体会。

（六）阳居阴中为"陷"，阴居阳中则为"丽"，大过和小过为"坎"为"陷"，卦辞反而有"亨"，而颐和中孚为"离"为"丽"，卦辞中并没有"亨"，可见圣人对我们的勉励多过于警戒，果真是一片诚心！

【结　语】

天是真实不妄的，上经重天道，所以有无妄卦（䷘）。人必须追求真实不妄，下经重人道，因此有中孚卦（䷚）。无妄代表天德，天德是实的，无妄来突显虚的必要性。初九不妄为；六二不事耕耘，不图收获；六三不妄为却也招致灾殃；九四守正不妄；九五不妄却为疾所苦。上九虽然不妄为，但时穷行必遭祸患。六爻都重视诚，也就是虚而不实，才能无妄。中孚代表地德，地德是虚的，所以六爻都重视诚心。初九守诚信，不可别有他求；九二同声相应，发自内心的真诚意愿；六三因存心不诚而私念杂起，以致言行无常；六四专诚于九五而无咎；九五用诚信牵系天下人的心，无所守是无须守持正固以防凶险。倘若不能如此实在，那就不是中孚了。无妄和中孚，实在是互为表里，一体两面。不虚妄矫诈，才见真诚。唯有立诚于中，无心求人信，才见无妄。

中孚（䷚）六爻，只有初九与六四、六三与上九相应，但是初九爻辞："虞吉，有它不燕。"表示初九当位，最好安处于下，不假他求。倘若动而求孚于六四，反而不吉。这时候以谋始为重，所以不取相应的利，象征孚在真中，无待于外。六三不当位，却有志上行，

-141-

求与上九相应，因而得敌，弄得进退失据，喜怒无常。一个人内心诚信，并不在于博取他人的好感。当年商鞅为了取信于民，立一木于甲地，声明凡把它从甲地移到乙地的人，可得五十金酬劳。这种取信的方式，称为"术"，并不符合中孚"道"。所以商鞅最后作法自毙，死得很惨，便是采取手段以求人相信，自作自受所招致的恶果，与"精诚所至，金石为开"的中孚之道相去甚远。现代人大多偏重以未或诈，来博取他人的信任，实为不智之举，并非良好有效的方式。

《易经》爻辞中出现"月几望"的，共有三次。小畜（䷈）卦上九"月几望"为凶，因为这一爻以阴刚处阴的极位，构成阴敌阳的压力，也就是阴盛而止阳，所以招来凶祸。归妹（䷵）卦六五"月几望，吉"，由于六五虽不当位，却居上震中位，以阴应九二的阳，所以吉祥。中孚（䷼）卦六四"月几望，无咎"，表示六四当位，又能上顺九五君王，下应初九民众，中比六三同僚，象征诚信最孚，获得各方面的信赖。处于近臣的位置，却能够得上下的心，实在是中孚最盛的人，当然无咎。可见"阴从阳"远比"阴敌阳"吉顺，提供大家参考。

真实不妄，才能大公无私地犯大过。抱定"不成功便成仁"的坚决意志，为了大局，不计较个人的得失与毁誉。真实不妄，也才敢于犯小过，抱持宁过勿缩的决心，勇于做人做事，不致故步自封，造成"徒善不足以为政"的流弊。

中孚，大过，颐，小过这四卦，和乾、坤、坎、离一样，翻来覆去，都是同一个卦。这种反复不衰的景象，表示在离为明，神武即乾，睿智则为坤，正如《系辞上传》所说："古之聪明睿智，神武而不杀者夫！"不必显现杀伐的威势，而民自服，唯有古

[结 语]

代的聪明智慧、武功神化,才能做得到。中孚、大过、颐、小过的反复不衰,是诚信感人、可以通天地人的最佳启示,建议大家不妨从亲身实践中加以体认。

【附　录】

一、诚是圣人解开宇宙奥妙的万能钥匙

诚能完成天地的善

《中庸》说："唯天下至诚，为能尽其性；能尽其性，则能尽人之性；能尽人之性，则能尽物之性；能尽物之性，则可以赞天地之化育；可以赞天地之化育，则可以与天地参矣。"这一段话，有三个重点，最好先加以厘清：

（一）做一个人，最要紧的是严格地明辨"人和禽兽不相同的地方"，在于"人之性"异于"犬之性""牛之性"（《孟子·告子篇》），以自觉人性的尊严。现代有人只承认"人是动物之一"，因此愈来愈像动物，换句话说，愈来愈不像人。对这些人来说，《中庸》这段话是不管用的。"人性"包含"精神生命"与"物质生命"两方面的本质，同时禀天而生。就每一个人的生命来看，都是独一无二，不可替代的。由于人人不同，因此产生个别差异，但是就整体人类来看，都同属于人类，可以说形异而类同，大抵相近。《中庸》这段话，指出人的共性，表示人人都可以此为目标，各自努力。至于能够做到什么地步，能

-144-

做出什么样的成绩，那是各人的个性，不必勉强，问心无愧便好。

（二）《系辞上传》说："一阴一阳之谓道，继之者善也，成之者性也。"这是《易传》对"性"的定义。乾卦象辞指出："乾道变化，各正性命。"万物都是源于太极的化身，由乾道变化获得性命，由坤道变化而生成形体。这里特别指出："性命"的来源是乾道变化，各有差异是为了各得其时，各得其位，也就是各得其正，所以说"各正性命"。再细分下去，"命"是生前就有的，称为天命。"性"是生后才有的，叫作人性。《中庸》所说"天命之谓性，意思是人性来自天命，配合后天的时空与体质，成为人的"性"。

（三）宇宙人生的奥妙，关键就在这个"性"字。《系辞上传》说："成性存存，道义之门。""存存"的意思，是在提醒大家：要好好把握来自上天的性，把它当作自己言行举止的导引。顺天便是合道，也就是顺其自然。合道的表现即为合理，也就是合乎义理，所以称为"道义之门"。"尽"的意思，是付出自己所有的能力，实际上非常不容易，因此特别强调"成性存存"，要怎样才做得到呢？那就需要看起来不难，做起来，不可或缺。"诚"的功夫，要做到"诚"，下至诚，为能尽人事以听天命，最后听天由命，毫无怨尤。要做到这样的地步，唯有"至诚"才能够成就。《中庸》又说："唯天下至诚，为能经纶天下之大经，立天下之大本，知天地之化育。夫焉有所倚？肫肫其仁，渊渊其渊，浩浩其天。苟不固聪明圣知达天德者，其孰能知之？"圣人所以崇德而广业也。"都是在告诉我们：唯有至诚，才能打开道义的大门。因为"诚"是圣人所以解开宇宙人生奥妙的万能钥匙，只有至诚，才能够完成天地的善，

[附　录]

-145

把天地的善和人性的善根，贯穿起来。使人类有能力，可以赞天地之化育，完成上天赋予人类的神圣使命，这才是人类在天地之间，所应该尽心尽力去担负起的伟大责任。

二、仁是人与禽兽不同的主要关键

当我们发现人类有很多地方比不过禽兽的时候，我们就会感叹真的是"禽兽不如"！当我们知道人类的和禽兽相差不远的时候，我们也不禁叹息"毕竟人只是动物的一种"。科技愈进步，人性愈受到贬低，而不是提高，这正是人类终将死于科技的最有力证据。历史上已经有过多次大事件，使人类的地位不升反降。我们只提出下述三大事件稍加印证，以供参考：

（一）伽利略是意大利天文、物理学家，他由望远镜中发现，人类所居住的地球，在宇宙中不但微不足道，而且并不起眼。使我们感觉到很委屈，现代人不愿意面对地球的危难，寄望于移民到外层空间。以致对故土的乡情也日趋淡薄，当年离乡背井的乡愁，似乎已不复见。为了利害关系，不惜移民他国。对故乡的泥土，也毫无感情，这是人性坠落的一大原因。

（二）达尔文或进化论完成的。虽然到现代仍然有很多争议，但是人既然是由动物演化而来，我们就找到有利的说辞：人和动物差不多有什么稀奇，还奢谈什么人为万物之灵？人类由责无旁贷，要赞天地之化育，一下子退到与动物共生。我们并不是看轻动物，而是更加重视应该怎样做才是真正的爱护动物。透过科技改变动物的本性，便是不合义理的行为，可是科学家似乎并不理会这样做所造成的重大影响。

（三）弗洛伊德是倡导精神分析的奥地利医师，鼓励大家从表面行为往深处发掘。由病人逐渐回忆往事，通过自由承认及释放其不能发泄的情绪，以求终止矛盾而恢复心理健康。弗洛伊德的学说，普遍引起世人的兴趣，却也造成十分重大的影响。因为一般人的反应，是把自己的缺失归咎童年的创伤，也就是把责任往外推，而不求自省。

这些学说，对人类文明的进步，似乎有很大的贡献。然而，"一阴一阳之谓道"，既然有正面的帮助，就必然带来负面的弊害。也正因为如此，我们才需要道器合一，在科技之外，寻找道的指引，把弊害降到最低，而将帮助尽量扩大。延缓科技灭绝的步调，使人类有能力襄助万物生生不息。

我们从另一种层次来看，人和禽兽的差异，主要在于人类是合群的动物，会把个人的幸福与荣誉，寄托在群体的和谐安宁之上。禽兽虽然有群聚的本能，但是当灾难来临时，大多是作鸟兽散，只知分别逃生，不能团结奋斗。我们一方面奋斗以求化凶为吉。而人类深知危难当前，必须发挥智慧，共同奋斗。另一方面则说：夫妻有如同林鸟，大难来时各自飞，那就是禽兽不如的单劣行径。人禽之辨，便是由此推论而来。人而不仁，怎么能够称为人？这是人性的光辉；另一方面说：夫妻有如同林鸟，大难来时要共担，也就是"以仁为本"的最佳诠释。孔子生于人欲横流的乱世，竟然有那么大的勇气，悟出"仁者人也"，即为人禽之辨的主要关键。社会风气的改善，就在于一个"仁"字。

【附 录】

-147-

三、仁能够合天地万物为一体

《论语·述而篇》记载："我欲仁，斯仁至矣！"仁是什么？依据孔子的主张，仁便是人性。孔子的学说一以贯之，便是以仁为中心，把天道和地道贯穿起来，成为一个顶天立地的君子。前已述及，人性包含精神生命与物质生命。仁就是精神生命的道德本体。有了仁心，不论地球怎么微不足道，我们生于斯，长于斯，便要对地球负起最大的责任。绝对不应该污染，破坏办法去污染，破坏其他星球，火星再好、月球再美，毕竟不是我们的故乡。去看看，长长见识，无妨，但要长久离乡背井，既不必，也不好。就算人是动物演化而成，一旦成为人，就应该发挥人性，和禽兽拉开距离。这不是人类沙文主义，而是人性的自觉，以仁心来自律，对宇宙万物展现最为崇高的诚意。

《系辞上传》指出："《易》与天地准，故能弥纶天地之道。"《易经》所揭示的道理，与天地的理则相通，所以能够普遍地包括天地间的一切理。又说："安土敦乎仁，故能爱。"安于所处的环境而敦厚地施仁义，所以能够博爱天下万物。《易传》把天道、人道、地道合起来称为"三才之道"，天道重阴阳，因为天无言，只透过天气的阴阳变化来创造万物；地道重刚柔，大地无所不载，无所不纳，只透过地面的刚柔来适当地包容万物；人道重仁义，人是万物的一种，却必须用仁义来与万物开各种不同的距离，以便能够克尽人类对于万物的责任。仁源自先天本性，义起于后天人为。由于源自先天，所以"我欲仁，斯仁至矣!"表示不必向外寻求,只要反求诸己即可,十分有效、安全,而且便利。我们把六画卦分成上、下两卦,上卦三爻象征天人合一,五、上两爻为天(道),四爻属人(道),表示人应该以仁心合乎天道。先天的仁心,表现为实际的行为,那就必须脚踏实地,视环境的变量,也就是因人、因事、因时、因地而制宜,以求合乎义理。下卦三爻,象征持经(秉持天道)达变(因地制宜)的灵活运用。初、二两爻为地(道),三爻属人(道),表现出来的行为合义,务实践履,也就是实事求是。义是仁心的实际表现,仁心为道,表示人应该脚踏实地,所以说"成性存存,道义之门。"仁是崇德的根本,而义则是广业的基础。任何人想要崇德广业,都必须先人道义之门。崇德唯赖至诚,尽自己的性、尽人之性,进而尽物之性,以赞天地之化育,妥善克尽"与天地参"的神圣责任。广业也唯赖至诚,才能规划天下的常法,建立天下的根本大业。现代人说到"业",大多想到事业,由于仁心诚恳,态度沉静,才能有如天体。实际上功名利禄由天定,只有道德修养可以完全由自己来掌控。人生的进程,《大学》以"修身、齐家、治国、平天下"来规划,学业、工作的业绩,满脑子都是金钱的影子。人生的进程,并不是说立业不重要,不值得一提,而是人人都应该在立业的活动中,也就是在各种职场当中,致力于品德修养的不断提升。以仁心合天地万物为一体,曲折地成就万物而不遗漏,通达昼夜阴阳的道理而无所不知,真正有本事崇德广业,才是人生的最高价值。

-149-

四、至诚如神才能完成天地的善

大自然是善的，这个善字，并不与恶相对待，可以说是绝对的善的立场，专心致力于天道的发扬，提出"天地不仁"的概念。他所说的不仁，因为生生死死，善善恶恶，不过是自然演化的过程，也就是常道，所以"无亲"。既然无亲疏远近的分别，那里有仁与不仁的差异？站在天下为公的立场来看，为天下者尚且不顾家，为父母者对待自己的子女，也不能够有所偏爱。人类所说的"仁"，是人与人之间的关系，对天地来说，其范围过分狭窄，不能宽广，所以老子特别以"天地不仁"，来提醒人类不可以用人道的观点来看待万物。实际上，这也是儒家"人禽之辨"的重要依据，只是孔子的立足点和老子有一些不同。孔子主张由自己向外扩展，所以由小我而大我，于是以仁为重点，推己及人，然后扩及万物。老子则反其道而行之，先站在天道的立场，告诉我们倘若只知道人的立场，很可能发现天地是不仁的。人类如果完全效法天地自然，等于丧失了自主性和创造性，和动物一样地依照本能而行事，根本不可能"赞天地之化育"。人类为了发挥上天禀赋的自主性与创造性，必须接受天地自然所秉持的局限性，其实也就是我们常说的自然规律，顺其自然而不是听其自然，站在"不仁"的大前提下，来凭借"仁"的大用，合理地改造天地自然，却不至于破坏自然。换句话说：在"天定胜人"和"人定胜天"的动态平衡中，寻找一个合理点，那就像"赞天地之化育"没有"赞"一样，这才是真正的"化"。

"赞"到好像天地自然便是道,并不是在天地自然之外,还有另一个道。道广大而无所不包,因此有"天道",有"地道",同时遵循自然法则而行,但这也不是人类沙文主义,安自尊大的结果。"天地不仁",表示一切遵循自然法则而行,万物都依据本能也就是本性而行,那不可能有所改变,也就不能够进步。"元""亨""利""贞"就是了,用不着"贞"下有恒,天地终而复始,怎么会有文明发展呢?因此人类的神圣使命,便由天而降,所以孟子才有"天将降大任于是人也"的警觉,表示这一份荣耀,中华民族的子孙,必须世代代,都责无旁贷,勇于承担。

要承担"赞天地之化育"的责任,必须从大《易》系统着手。万物都依道而行,就所谓仁或不仁。人类要改造这个世界,刚开始动机都很纯正,却逐渐居于各种利害关系,而产生了仁与不仁的差异。即使同样以仁心为出发点,表现出来的结果,也有不仁,所以人道虽然因天道、地道而生,却有其独特的含义。天地的不仁,才是大仁;人类的仁,恐怕只是具有局限性的仁。范围不够大,用力不够深,看得不够远,以致结果有"不贞","贞下起元",这个"贞下"的"元",已经不是当初的"元"了。善恶、高低、大小、轻重,甚至于正邪,都由此而生。人类很难真正知"道",不容易真有"贞"的往往自以为合"道",实际上却相去甚远。仁义之所以成为人道的重点,其实是一种无奈啊!

因为人有个别差异,所以观点不同,立场也很难取得一致。口口声声要建立共识,却往往始终自以为是而执迷不悟。明明知道良心才是正确的指引,却偏偏不信邪,一定要找到良心以外的事物,强调以眼见为真。这就是"不诚无物"的缺憾,在人类的历史上,似乎愈来愈屡见不鲜。

"天地人鬼神"的概念，即在提醒我们：人类当中，愈接近道的，愈神；愈远离道的，愈是鬼头鬼脑，诡计多端，鬼鬼祟祟，简直就是鬼迷心窍。"敬鬼神而远之"，意思是鬼神都在干人的一念之差，"贞"即如神，"不贞"必然是鬼。我们和鬼神保持安全的距离，才能够旁观者清。这种修养，就叫作"跳出自己看自己"，也就是保持相当程度的客观。为什么只能做到相当程度呢？因为修养的功夫，还差一大截。这样我们才明白，为什么至诚几乎成为圣人的专利品。

"至诚如神"，表示圣人才具有这样的神力，非凡人所能及。我们固然是凡人，却不能不求上进，心甘情愿地一辈子当凡人。所以用心仿效圣人，希望能够愈来愈神。但是，我们必须永远记住：我们是人，不是神。神只愿意帮助求上进、有良心、走正道的人。因此，我们应该先以诚心诚意来礼敬天地，凡事凭良心，向自然学习，不朝作非为，把本有的仁性发扬出来。有朝一日如有神助，便可以真正地"赞天地之化育"，促使天地的善，生生而不息。

五、我们的建议

既然是人，最好先能"把人做好""做一个像样的人"。孔子一生，不肯轻易以"仁"来赞美人家，也不敢以"仁"自居。他倡导尊师重道，却主张"当仁，不让于师"。可见"仁"对人来说，是何等的可贵！孔子明白指出"鸟兽不可与同群"，后代人不知道它说出的真意，逼得孟子不得不严正地提出"人禽之辨"。实际上早在周武王口中，便已经说出"人

[附 录]

为万物之灵",都在指示我们:身为人类,得天独厚,具有自主性和创造性,必须好好把握,妥善发挥,以期能点下起元,使宇宙万物,得以永续发展。

人的价值,在于人和其他生物一样,都是一种有生命的存在。但是人的生命,除了其他生物所共同拥有的生物性生命之外,还有一种精神性的生命,这就是孟子所说的"人之异于禽兽者几希"。人具有这种特性,才能意识到自己生命的存在,其他生物是办不到的。人类的一切学问,实际上都由此而生。先天的"仁",经由后天的学习和磨炼,这才有"义"的体会。同样是仁,也必须因人、因事、因时、因地,做出合理的调整,才能制宜而合义,仁为经,义为权。持经达变,也就是把仁心发挥得恰到好处。

要达成这样的作用,必须以"诚"为本,坚持"毋自欺",对自己诚实。因为只有做到对自己诚实,才能做到对他人诚实。真诚而不自欺欺人,是走上正道的最有力保障。人生在世,凡是自己用什么方式对待他人,他人也就会用什么方式加以回报。为人处世,最简单、有效、安全的方式,即为诚实。不但能使自己的生存空间愈来愈大,而且也会让自己愈来愈聪明。天地之所以不停止,万物之所以生生不息,都是"诚"的功能。以诚换诚,即为仁心的正当表现。我们的责任,既然在协助完成天地人的善,最好能从"诚"字下功夫,明白人禽之辨,凡事凭良心,处处立公心,持续发扬直到"大仁"的美善境界。

-153-